從購物、文創、美食、景點走訪曼谷

曼谷
輕旅行

Jaunt of Bangkok

曼谷的幽默感讓人好放鬆

曼谷，一座散發溫暖氛圍的城市。

疫情之後的曼谷，城市風貌變得有點不一樣了。

疫情後，我終於再度前往最喜愛的這座城市，當飛機緩緩降落在曼谷蘇汪納蓬國際機場，我急切地走向出境大廳。眼前景象看似熟悉卻又陌生，唯獨感受到一股曼谷專屬的氣味與溫度，頓時引發了內心的激動，畢竟一轉眼就多年過去，能再度站在這塊土地上造訪曼谷的我，有種既期待又怕受傷害，難以言喻的複雜情緒。

曼谷這座天使之城，不僅沒有被疫情打倒，這段時間，它以既定的計畫持續蛻變，這一點真是非常令人驚訝！因為許多國家在這段時間都暫停了許多建設，但我卻發覺曼谷在這段看似停滯的時間，以不疾不徐的速度輕躍了起來。包括多項交通建設已完成或持續進行，更豪華更高檔的百貨公司陸續開幕，帶給旅人更響亮的讚嘆聲。但也有許多夜市因疫情而消失，卻在另一處以更令人著迷的模樣誕生，或是某些景點做了大幅度的調整以符合國際旅人的需求。但無論怎麼改變，來到曼谷旅遊，當地人的熱情招呼聲依舊，能再度來到曼谷的我，雀躍的心情也依舊。

在這本書裡面，我將用6個章節帶領讀者一起去細細品味曼谷這座天使之城。第一章將從如何辦理泰國簽證、搭飛機、如何更換泰銖、曼谷的捷運搭乘方式開始介紹，讓未曾踏上這塊土地的旅人，輕易就能取得開啟自由行的鑰匙。第二章節為特別規劃的多種天數旅遊行程，以滿足不同旅人的需求。第三章是帶領大家一同認識泰國這個國家，從當地居民的生活信仰、年節慶典、到許多必須知道

的小禁忌，若能有時間學習一些簡單的泰語或殺價小技巧，都能讓自行規劃的曼谷之旅玩得更有深度及與眾不同。第四章則分為需要採購的伴手禮項目、曼谷逛街教戰守則，還有不能錯過的曼谷古蹟及藝文景點。

當然，曼谷美食遠近馳名，無論是百貨或夜市，有機會建議通通買來嚐嚐看，因為藉由飲食文化接地氣的探索，更能直接感受當地的人民生活。此章節還會介紹如何在曼谷學習做泰國菜及一試上癮的泰式按摩，最後則是搭乘便利的交通船，走訪曼谷旁昭披耶河的多處歷史遺跡，尋味輝煌的舊時光。

第五章則是跟著我走出繁忙的曼谷市中心，到近郊處體驗不同於市區的旅遊景點。像是人氣最高的丹嫩莎朵水上市場，端詳當地人如何在船隻上做生意，除了可在波光粼粼的河面上欣賞河岸人民生活風光外，還能順道嚐嚐與眾不同的水上泰式米粉湯滋味。此章節也帶領大家前往古城大城，欣賞昔日王朝的佛像及寺廟，經歲月洗禮後滄桑又壯麗的古蹟之美。最後一章節是介紹我最喜愛的度假勝地芭達雅，這裏的白天與夜晚有著截然不同的面貌，無論是徜徉在乾淨清透的海裡游泳或忘情在熱鬧的夜裡喝杯酒，芭達雅是很推薦的首選。

一直有朋友問我，曼谷究竟玩幾天才好？這個問題實在很難回答，如果有足夠的假期，曼谷慢旅行玩上一個月也不嫌多，但如果只有 5 天假期，吃喝玩樂的曼谷也不會讓人失望。畢竟這座城市的面向太廣，無論是哪一種類型的旅人造訪，曼谷這座天使之城絕對都能滿足大家的期待。

蔡長良

Adam Tsai

目錄 Contents

美食饗宴。
吃出最精采的泰式風味

泰式享樂。
玩樂第一，放鬆至上

遊船風光。
在昭披耶河上賞歷史遺跡

Chapter 5

走，去曼谷郊區！

逛街購物。
體驗最道地的市集風情

文青漫遊。
從古蹟中一訪神佛與貴族

泰式享樂。
樂園牧場開心體驗

前進泰國

Go to THAILAND

CHAPTER 1

想去泰國玩，從頭到尾究竟有哪些步驟？
其實行前準備沒有你想的那麼困難，從買
機票、訂住宿、辦簽證、換泰銖……，
靠自己就能輕鬆出發！

辦理泰國簽證

目前要到泰國玩還是得辦泰國簽證，包含單次觀光簽證、落地簽證或落地電子簽證等，可自行評估選擇。

單次觀光簽證

以現在規定來看，自由行的朋友欲辦理泰國簽證，需於週一至週五的09：00～11：30前往「泰國貿易經濟辦事處」送件，領件時間為申請當日下午16：00～17：00取件或於收據期限內取件。提醒：無論是台灣或泰國的國定假日，泰國貿易經濟辦事處皆公休。旅行社代辦則需要約5個工作天。

目前入境泰國單次觀光簽證的新規定，個人需準備20,000以上泰銖生活費備查，一個家庭則需準備40,000以上泰銖或等值外幣。另外，需特別注意，單次觀光簽證有效期為3個月，是自申請日開始算起，指的是可於該期間入境泰國，但並不等同在泰國的停留期限。

單次觀光簽證申辦須知

費用	可停留時間	申辦所需文件
NTD1,200 （旅行社代辦約 NTD1,500）	不超過60天	• 護照正本（有效期限6個月以上） • 身分證正反面影本（未滿18歲請附戶口名簿影本） • 2吋照片1張（需6個月內拍攝，彩色白底，頭部至下顎3.2公分～3.6公分大小） • 簽證申請表格（請先上網站下載填寫較省時）

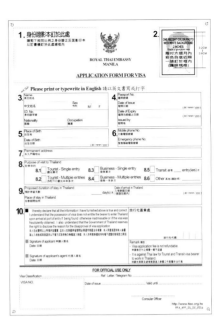

快速申辦小提醒

1. 請先到「泰國貿易經濟辦事處」官網下載「簽證申請表」（見右圖）。
2. 列印「簽證申請表」，請以英文填寫完成。
3. 將填好的申請表連同申辦所需文件至「泰國貿易經濟辦事處」送件。

落地簽證

　　某些人因沒時間而想至曼谷機場辦理落地簽，下機後可沿著標示找到「落地簽證」（VISA on Arrival），但若發生資料不齊很有可能會被遣返，風險極大。個人需隨身攜有 10,000 泰銖，一個家庭需攜有 20,000 泰銖或等值外幣。

落地簽證申辦須知

費用	可停留時間	申辦所需文件
2,000泰銖	不超過15天	● 護照正本（有效期限6個月以上） ● 4×6公分照片1張（6個月內拍攝） ● 15天內已確認機位的回程機票 ● 明確的住宿地點，若是飯店需有訂房資料，或在泰國期間的住宿地址

泰國貿易經濟辦事處

台北市大安區市民大道3段206號1樓　02-2773-1100　https://tteo.thaiembassy.org/th/index 或現場索取

購買機票與訂飯店

　　目前從台灣直飛曼谷的航空公司有：中華航空、泰國航空、長榮航空、星宇航空、台灣虎航、泰國獅子航空、Thai Smile泰國微笑航空、NokScoot酷鳥航空。直航飛行時間約3個半小時。若有轉機的票價更低，可多上網比價。

　　旅館的選擇上，在曼谷這個國際之都，有太多不同等級與價位的飯店或旅館可挑選。建議可參考大家所熟悉的訂房網站先搜尋資料，除了房價外，需特別注意飯店或旅館的地理位置，交通是否便利、靠近BTS或MRT捷運站。因為某些價位便宜的飯店或旅館，常位於很遠的地段，出門得搭嘟嘟車或計程車；最後就是一定要看飯店或旅館評價，這些評價常能反映事實，一定要列入考慮。

訂購機票網站推薦	
Skyscanner	www.skyscanner.com.tw/
智遊網	www.expedia.com.tw
FUNTIME	www.funtime.com.tw/
與我旅遊	www.wego.tw/
易遊網	www.eztravel.com.tw/
雄獅旅遊	www.liontravel.com/
訂購住宿網站推薦	
Agoda	www.agoda.com
trivago	www.trivago.com.tw
Hotels.com	tw.hotels.com/
Airbnb	www.airbnb.com.tw/

行李準備

貨幣	☐ 泰銖 ☐ 美金 ☐ 台幣 ☐ 信用卡 ☐ 金融卡（事先申請提領外幣）		

衣物類 與 配件類	☐ 換洗衣物 ☐ 貼身衣物 ☐ 鞋子 ☐ 遮陽帽 ☐ 太陽眼鏡 ☐ 外套 ☐ 水壺

證件類 與 資料類	☐ 護照 ☐ 身分證 ☐ 機票 ☐ 飯店住宿確認信 ☐ 旅遊書 ☐ 地鐵圖 ☐ 行程表 ☐ 交通卡

生活用品 與 藥品	☐ 防曬乳 ☐ 乳液 ☐ 感冒藥 ☐ 止痛藥 ☐ 胃藥 ☐ 喉糖 ☐ 暈車藥 ☐ OK繃 ☐ 牙刷牙膏 ☐ 洗面乳 ☐ 購物袋

3C用品	☐ 手機 ☐ 耳機 ☐ 相機 ☐ 記憶卡 ☐ 電池 ☐ 充電器 ☐ 充電線 ☐ 轉換插頭 ☐ 行動電源 ☐ 網路分享器 ☐ 延長線

Tips

泰國電壓小知識

泰國電壓為220伏特，台灣電壓為110伏特，兩國電壓是不一樣的。不過我們大部分所使用的3C產品都具有萬國通用電壓轉換功能（100伏特至240伏特），所以不必特別準備電壓轉換器就能立即使用了，但使用前最好再仔細確認比較安全。至於泰國插座為三孔，台灣為兩孔，但也同樣能共用，只不過建議可多帶一條延長線，這樣手機、相機電池就能同時充電，更加便利。

入境泰國注意事項

　　目前大部分國際航空飛往曼谷，都會抵達「蘇汪納蓬國際機場」（Suvarnabhumi Airport Bangkok），又稱為曼谷國際機場，它是東南亞地區最大的空運中心，也是全世界第二大的航站大廈，由於機場腹地廣大，最好先了解機場動線才不會走錯；若搭乘廉價航空的旅人需注意，班機可能降落在舊曼谷機場「廊曼機場」（Don Mueang Airport）。現在入境時不需填寫入境卡，泰國海關通常不會詢問問題就會讓旅人入境。

購買預付卡

　　即使出國，隨時查看FACEBOOK、聊Line已是每日待辦事項，不太可能等回到飯店才使用免費Wi-Fi，因此在蘇汪納蓬機場入境後到2樓（常會看到人群聚集在那裡），就立刻購買一張可隨插隨用的預付卡（易付卡），在曼谷旅行的這幾天，一切都會很省事。目前泰國的三大電信公司AIS、dtac、True Move，最受歡迎的像是dtac HAPPY TOURIST 4G/5G SIM卡使用時間為8天，內容包含15GB送15泰銖通話費，售價為163元，超過會降速，可在國內KLOOK先購買，但需於曼谷領取。購買後，服務人員會馬上幫你裝上新Sim卡，而原本舊卡就黏在盒子上，等回國後再自行更換即可。

交通——從機場到市中心

領完行李後，就要從曼谷「蘇汪納蓬國際機場」前往市中心，目前有機場快線、巴士、計程車、Garb等交通工具可選，其中最方便也最推薦的為「機場快線」。

機場快線

　　稱為SARL的機場快線（The Suvarnabhumi Airport Rail Link）搭乘位置位於機場B1，可透過購票機購買車票，約每15分鐘一班車，一共有8站，行車至終點站 Phaya Thai 站需要約30分鐘，可再由此轉乘 BTS 或在 Makkasan 站轉MRT。

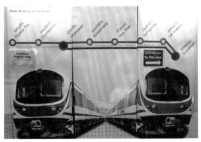

　　至於返回機場的方式，同樣也是從 Phaya Thai 站搭乘機場快線至 Suvarnabhumi Airport 站，是目前最快速又安全的方式。

🕐 06：00～24：00
$ 15～45泰銖

公車

　　機場出境外就有免費的機場接駁車，接送旅人至轉運站，再轉搭公車至曼谷市區，但需提著行李上下公車會比較辛苦一些。

🕐 05：00～23：00
$ 35泰銖起

計程車

　　機場1樓外就有排班計程車可搭乘，泰國政府為了防止司機亂哄抬價錢，目前設置計程車招呼站（Public Taxi），旅人得先到櫃台告知服務人員欲前往的飯店，並拿到一張單據，再前往指定標號搭車。

　　在搭車前，建議先向司機告知飯店，談定價錢或以跳表方式計算，才不會發生被繞路或被敲竹槓的事情。目前機場到曼谷市區價位大約350～400泰銖，途中經過高速公路也要收取過路費，但通常已涵蓋在車資裡。泰國計程車有分不同顏色，例如，桃紅色、黃綠色相間、藍紅色相間，只是以顏色來代表不同車行，並無特殊涵義。另外值得注意的是，若車頂上招牌有註明「Meter」則代表採跳表制；若沒有註明則代表需要喊價，旅人可自行評估。

　　在曼谷搭車，除了路邊手攔計程車，建議使用APP叫車。目前Grab是泰國目前市場上最廣為人知、規模最大的叫車APP，使用簡單便利。跳表的Grab計程車型基本費率約35泰銖起，車輛類型多，也比較容易叫到車。此外，許多人覺得Grab有愈來愈貴趨勢，所以推薦Bolt與inDrive，但每一種叫車APP各有優缺點。

$ 大約350～400泰銖

換泰銖

曼谷貨幣單位為泰銖（THB），紙鈔面額可分為
20、50、100、500、1,000；硬幣種類可分為0.5、1、2、
5、10。在前往曼谷前，建議先在國內銀行兌換一些泰
銖帶在身上比較方便，抵達曼谷當地後再兌換其餘所
需的錢，匯率會高很多。

以我個人經驗，先在台灣兌換百元美金，再帶著美金到泰國
當地兌換泰銖最划算。目前泰國可以兌換外幣的地點有橘色SuperRich、
綠色SuperRich、SIAM、VASU。

如果身上毫無泰銖，建議可先在曼谷機場兌換一些，以方便購買手機預付卡、車
票等。一般來說，泰銖與新台幣都用1：1去算比較容易，此外，在曼谷想換錢隨處
可見，所以建議不用一次換太多泰銖，花完再換也比較方便安全。

泰銖兌換地點

- 桃園國際機場櫃台：若在臺灣銀行兌換需加收手續費
  100元。

- 曼谷機場Money Exchange：建議不要直接用台幣兌換，
  匯率會很差，用百元美金兌換泰銖可取得較好的匯率，
  但在這裡兌換的匯率仍和曼谷市區差很多。

- 橘色SuperRich：在BTS的Chit Lom站或百貨公司都可
  見到橘色的SuperRich招牌，只要持有護照及百元美金
  就能以不錯的匯率兌換泰銖。一直受到推崇的四面佛旁
  巷弄裡有橘色與綠色SuperRich，但常常大排長龍，除非
  是大筆金額，否則不建議浪費太多時間在兌換泰銖上。
  🌐 www.superrich1965.com/index.php

- 綠色SuperRichThailand：匯率最好，但兌換分店不多且
  難找，所以若見到橘色SuperRich就可兌換，匯率差異
  不大。
  🌐 www.superrichthailand.com/#!/en/exchange

退稅 VAT 方式

　　在泰國大買特買準備離開前，記得在機場VAT REFUND窗口辦理退稅，可以是消費金額4%～6%（目前退稅為2,000～2,499.99泰銖可退80泰銖；2,500～2,999.99可退100泰銖，以此類推）。

　　至於退稅方式，若購物時看見店家貼上藍底白字的VAT字樣，同一天於同一家商店消費滿2,000泰銖後，就能出示護照請店員協助填寫退稅單。

　　而且全旅程消費總金額必須超過5,000泰銖/每人，才可以在離境時申辦退稅。建議提前抵達機場，在登機報到手續前拿著這些黃色退稅單，到10號入口有一間寫著VAT REFUND的海關辦公室，得攜帶單據與商品先至退稅窗口辦理，出關查驗護照後，走至免稅店商品區會見到VAT REFUND退稅櫃台，得在此辦理退稅單據與領取退稅款項。

曼谷市區交通工具

來曼谷自由行一定要先搞懂當地的交通,在曼谷主要的大眾運輸交通工具可分成高架捷運BTS、地下鐵路MRT、機場快線SARL、公車等,而其中BTS、MRT、SARL幾乎是在旅行過程中都會接觸到的交通工具。

高架捷運BTS

曼谷旅行時最常使用的交通工具。目前曼谷BTS(Bangkok Mass Transit System)分成3條線(最新為金色Gold線):淺綠色Sukhumvit蘇坤蔚線及深綠色Silom席隆線,並且交會在Siam站,只要先找好要去的捷運站即可搭乘前往。目前BTS車票可區分為3種:單次卡、一日卡(150泰銖)、兔子卡(Rabbit Card類似台灣悠遊卡),搭乘費用從17～44泰銖。

我最推薦使用兔子卡,不用每次都排隊購票,非常便利。首次購買兔子卡,需在售票櫃台出示護照正本登記後才能購買,每張卡200泰銖,內含100泰銖可使用,回國前可退回卡片拿回50泰銖。需注意的是,BTS車廂內禁止飲食、喧嘩。

(泰國觀光局)

地下鐵路 MRT

除 BTS，MRT（Bangkok Metro）也
是旅人較常搭的大眾運輸工具，目前只
有藍色線為 19 站、紫色線為 16 站，但
因為經營系統不同，MRT 無法使用兔
子卡。

購票時，只要在機器點選想前往的
站點，依照顯示金額投入硬幣後即可取得
車票，費用從 16 ～ 42 泰銖不等。MRT
目前只有儲值卡，儲值成人票價也無優
惠，建議直接在現場購票即可。

（泰國觀光局）

曼谷公車

如果你很想感受曼谷居民的生活日
常，搭曼谷公車（Bangkok Bus）或許是
個不錯的選項；但搭公車有學問，首先
得運用「曼谷公車網」查詢要搭哪一號
公車前往目的地。

公車票價分成不同種類，像是有冷
氣的公車票價為 8 ～ 25 泰銖，無冷氣的
巴士為 8 泰銖；還有些公車是免費搭乘，
至於付費方式都是需上車購票。

🌐 www.transitbangkok.com/bangkok_
buses.html

嘟嘟車

　　這種三輪的嘟嘟車（Tuk Tuk）是泰國特有的交通工具，許多旅人都想體驗一下。說實話，嘟嘟車的價格並沒有比計程車便宜，橫衝直撞的駕車方式，坐在車上一路顛簸，真會讓人冒出一身冷汗；但既然想要體驗曼谷，試試看也不賴，只是搭乘之前一定要先講清楚價錢，才不會搭得一肚子氣。

計程車及Grab

　　曼谷計程車近幾年愈來愈讓人詬病，由於起跳價為35泰銖，每次跳表為2泰銖，實在非常划算，也因此讓許多司機不願意跳表，只能用喊價的方式，或是因為路程太近而遭到拒載的情況也很常見，演變成一種特殊景象。

　　這也是因為曼谷很容易塞車，在某些路段以正常的跳表情形來算，司機賺不到錢，所以才會演變成目前短程拒載、拒絕跳表的情況。相較之下，曼谷Grab就可靠多了，只要靠手機叫車，以距離計價。

曼谷捷運與地鐵路線圖

拉差達披沙站 Ratchadaphisek
蘇迪參站 Sutthisan
惠燕王站 Huai Khwang
泰國文化中心站 Thailand Cultural Centre
帕藍 9 站 Phra Ram 9
碧差汶里站 Phetchaburi
那那站 Nana
蘇坤蔚站 Sukhumvit
彭蓬站 Phrom Phong
東羅站 Thong Lo
伊卡邁站 Ekkamai
帕卡農站 Phrekanong
安努站 On Nut
班恰站 Bang Chak
撲那威芽站 Punnawithi
烏東素克站 Udom Suk
班納站 Bang Na
邊琳站 Bearing

蘇汪納達國際機場站 Suvarnabhumi Airport
蠟甲挽路 Lat Krabang
班塔昌站 Ban Thap Chang
華馬站 Hua Mak
藍甘亨站 Ramkhamhaeng

詩麗吉國際會議中心站 Queen Sirikit National Convention Centre
克隆托伊站 Khlong Toei
阿索克站 Asok
那站 Nana
倫披尼站 Lumphini
席隆站 Si Lom
莎拉當站 Sala Daeng
蘇拉沙克站 Surasak
沙潘塔克辛站 Saphan Taksin
刻隆松布里站 Krung Thon Buri
翁嗙亞站 Wongwian Yai
波尼米站 Pho Nimit

樂拋站 Lat Phrao
塔宏猜清站 Phahon Yothin
蒙奇站 Mo Chit
山亨卡威站 Saphan Khwai
阿黎站 Ari
沙那跑站 Sanam Pao
勝利紀念碑站 Victory Monument
帕亞泰站 Phaya Thai
拉差帕藍站 Ratchaprarop
暹羅站 Siam
奇隆站 Chit Lom
菲隆奇站 Phloen Chit
馬卡森站 Makasan
拉差當梅站 Ratchadamri
鐘那席站 Chong Nonsi

拉差埋威站 Ratchathewi
甘烹碧站 Kamphaeng Phet
邦蘇站 Bang Sue
國立體育館站 National Stadium
山燕站 Sam Yan
華藍蓬站 Hua Lamphong
空山站 Khlong Sang
沙龍那空站 Charoen Nakhon
塔拉蓬站 Talat Phlu
烏達甘站 Wutthakat
邦哇站 Bang Wa

乍都節公園站 Chatuchak Park
刀本站 Tao Poon

健康署站 Ministry of Public Health
班松站 Bang Son
翁沙旺站 Wong Sawang
耶沙灣站 Yaek Tiwanon
暖武里市立書府暨沙公站 Nonthaburi Civic Centre
邦柯梭站 Bang Kraso
耶暖武里第 1 站 Yaek Nonthaburi 1
喬南喬橋站 Phra Nang Klao Bridge
賽馬站 Sai Ma
邦拉艾挪它吉站 Bang Rak Noi Tha It
邦普站 Bang Phlu
邦亞艾站 Bang Yai
空邦派站 Khlong Bang Phai
達叻邦亞艾站 Talat Bang Yai
班叻班亞站 Sam Yaek Bang Yai

圖例

- MRT路線 MRT Route
- BTS路線 BTS Route
- 泰國國家鐵路 State Railway of Thailand
- BTS轉換站 BTS Interchange Station
- Ⓜ (NB) MRT轉換站 Interchange with MRT
- 機場快速鐵路
  從 3 馬卡森站 Makasan
  到 8 蘇汪納達國際機場站 Suvarnbhumi Airport

行程規畫

Itinerary Planning

身為國際觀光城市的曼谷，玩法當然包羅萬象。建議從最基本的旅遊天數著手規畫，最方便也最實際！除此之外，還要考量預算，例如，旅店價位與地理位置等，才會是一趟最完美的行程。

5天4夜初探之旅

Day.1 抵達曼谷 | 飯店 Check in

Day.2 ↻ 大皇宮 Grand Palace | 搭船遊昭披耶河 Chao Phraya River

Day.3 ↻ 參加水上市場一日遊 | 丹嫩莎朵水上市場 Damnoen Saduak Floating Market | 天主聖堂 The Nativity of O Lady, Cathedral Bangkok Khu

Day.4 ↻ 恰圖恰週末市集 Chatuchak Weekend Market | 密西中心買伴手禮 Big C

Day.5 飯店 Check out | 中央世界購物中心 Central World

四面佛
Phra Phrom

四面佛周邊百貨

帕彭夜市
Patpong Night Market

暹羅天地購物中心
ICONSIAM

泰式按摩

泰式甜點博物館

拉瑪二世紀念公園
Rama II Park

搭船遊美功河
Mae Klong River

美功鐵道市場
Maeklong Railway Market

群僑商業中心逛街
MBK Center

泰式料理

泰式按摩

前往機場

5天4夜文化之旅

Day.1 抵達曼谷　　　　　飯店 Check in

Day.2 四面佛
Phra Phrom　　　　　四面佛周邊百貨

Day.3 參加大城
郊區一日遊　　　莞芭茵夏宮
Bang Pa-In Royal Palace　　　搭船遊大城水上市場
Ayutthaya Floating Market

Day.4 BACC 曼谷藝術文化中心
Bangkok Art And Culture Centre　　　TCDC 泰國創意設計中心
Thailand Creative & Design Center

Day.5 飯店 Check out　　　暹羅百麗宮與周邊百貨
Siam Paragon

（泰國觀光局）

 大皇宮
Grand Palace

搭船遊昭披耶河
Chao Phraya River

暹羅天地購物中心
ICONSIAM

中央世界購物中心
Central World

帕彭夜市
Patpong Night Market

瑪哈泰寺
Wat Maha That

大城臥佛
Wat Lokaya Sutha

嘟嘟車體驗

夜遊大城古蹟

大城黃昏市集
Ayutthaya Night Market

泰式傳統服裝體驗

泰菜課程

泰式按摩

NARA Thai Cuisine 享用泰國菜

（泰國觀光局）

前往機場

5 天 4 夜樂活之旅

| Day.1 | 抵達曼谷 | 飯店 Check in |

| Day.2 | 四面佛
Phra Phrom | 享用百貨午餐 |

| Day.3 | 參加華欣
七岩一日遊 | 拷汪宮
Phra Nakhon Khiri Palace | 拷龍穴
Tham Khao Luang |

| Day.4 | 回飯店泳池休息 | 恰圖恰週末市集
Chatuchak Weekend Market |

| Day.5 | 飯店 Check out | 航站21購物中心
Terminal 21 |

 泰式按摩　　　　享用泰式料理　　　　飛機創意市集
Chang Chui Market

 大皇宮　　　　臥佛寺　　　　搭乘昭披耶河公主號遊河
Grand Palace　　　Wat Pho　　　Chaophraya Cruise

愛與希望之宮　　　小瑞士牧場　　　華欣火車站
Mrigadayavan Palace　　Swiss Sheep Farm　　Hua Hin Railway Station

暹羅天地購物中心　　買伴手禮　　 泰式按摩　　帕彭夜市
ICONSIAM　　　　　　　　　　　　　　　　　Patpong Night Market

吃午餐

前往機場

7天6夜慢慢玩之旅

Day.1 　抵達曼谷　　曼谷飯店 Check in　↻　四面佛 Phra Phrom

Day.2 　↻　大皇宮 Grand Palace　　臥佛寺 Wat Pho

Day.3 　曼谷飯店 Check out　　前往芭達雅

體驗當地夜店

航站21購物中心享用午餐
Terminal 21

考山路
Khao San Road

泰式按摩

搭乘昭披耶河公主號遊河
Chaophraya Cruise

暹羅天地購物中心
ICONSIAM

芭達雅飯店 Check in

芭達雅海岸

步行街
Walking Street

信不信由你博物館
Ripley's Believe It or Not Museum

| Day.4 | 搭船前往格蘭島
Koh Larn Island | 水上活動 |

| Day.5 | 芭達雅飯店 Check out | 返回曼谷 |

| Day.6 | 恰圖恰週末市集
Chatuchak Weekend Market | 群僑商業中心買伴手禮
MBK Center |

| Day.7 | 曼谷飯店 Check out | 盛泰領使商場
Central Embassy |

PATTAYA 21航站購物中心
Terminal 21

蒂芬妮人妖秀
Tiffany's Show

曼谷飯店Check in

泰式按摩

帕彭夜市
Patpong Night Market

中央世界購物中心
Central World

The EmQuartier享用午餐

前往機場

1～3個月長居行程

有些人因為愛上曼谷，會安排自己待在曼谷一段較長的時間，為期1～3個月，好好認識這座城市，除了旅行，也可選擇語言學校或學習泰式料理，讓這段假期過得有目標且充實。

目前關於曼谷long stay的住宿安排，與在台灣租房子類似，但每月房租、押金或水電費都不一樣，必須多加了解。語言學校的15週課程費用約20,000泰銖，可多參考比價。

入境泰國辦理簽證

泰國多次入境觀光簽證（METV）效期為6個月，申辦費用新台幣5,600元。

泰國月租公寓租金

需考量公寓地點、月租費、押金及交通便利性等因素，月租費常見5,000泰銖至12,000泰銖不等。

相關網站推薦	
HomeAway 住宿網站	www.homeaway.tw/
「曼谷大水」FACEBOOK社團	www.facebook.com/groups/bkktalk
「曼谷大厝」FACEBOOK社團	www.facebook.com/groups/Bkkhouse
語言學校推薦	www.theknowledge.in.th/language-school-bangkok/home/

認識泰國

Get to know THAILAND

CHAPTER 3

多元的民族性與節慶，不可不知的傳統信仰與禁忌……，一步步揭開這個神祕國度的面紗，體驗泰國的真正之美。

泰國年表

泰國自 1782 年開始，就由卻克里家族統治至今。目前的泰國政府雖是由民主選舉而來，但同時也擁有受人民愛戴的國王，已故泰皇蒲美蓬雖是虛位元首，但因為是泰國道德象徵，也撫慰了泰國動盪的人民受創心靈，

高棉帝國，泰王國之前的文明。

蘇可泰時代（Sukhothai），為泰國黃金時期。蘇可泰國王羅堪罕（Ramkhamhaeng）在位期間第一次使用泰文，試圖統一泰民族，使藝術蓬勃發展。

大城王朝（Ayutthaya），一個泰人王國，位於泰國南方，中心位於今日大城府，首都為大城。大城王國取代了蘇可泰王國，打敗了高棉帝國，征服大片土地，最後於 1767 年亡於緬甸大規模入侵。

卻克里王朝，沛塔克辛將軍（Phya Tak Sin）成為塔克辛國王。

絕對王權終結，歷經一場政變開始了君主立憲政體。1939 年國名從暹羅（Siam）改為泰國，阿南達國王（Ananda，即拉瑪八世）即位。1946 年蒲美蓬（Bhumibol）即任成為拉瑪九世，王室家族也成為國家主權與民族精神象徵。

泰國屬於熱帶季風氣候，平均氣溫約 27 度。

一年可區分為三季，3 ～ 5 月為夏季（hot season）、6 ～ 10 月則為雨季（monsoonal season）、11 月～ 2 月屬於涼季（cool season）。

而涼季是最適合到泰國旅遊的季節，氣溫約為 21 ～ 31 度左右。

曆法與時差

泰國一般是使用佛曆，也就是以佛祖釋迦牟尼圓寂後一年為紀元之始，相較世界通用的西曆早了 543 年（舉例來說，西元 1990 年就是佛曆的 2533 年）。泰國的時間比格林威治標準時間晚 7 小時，比台灣時間晚 1 小時，例如：格林威治時間為 10 時，泰國時間為 17 時，台灣時間則為 18 時。

傳統信仰與生活

　　泰國傳統魅力雖是最吸引旅人的地方，但這座城市至今仍不斷蛻變，讓造訪過的旅人感到吃驚而深深愛上這座城市。雖然泰國曾遭遇金融危機，但在人民的毅力之下轉向繁榮。泰國是個從未被外國強權殖民統治的國家，因此保有自身傳統文化和優美的自然景致，傳統優美的寺廟、熱鬧的街道，還有全球關注的文化慶典，也是讓外國旅人不斷造訪的主因。

　　泰國目前約有7,000萬人口，全國大約有六千多萬民眾信奉佛教，絕大多數為小乘佛教（Theravada Buddhism）且八成屬於泰族，至於華人則信奉大乘佛教（Mahayana Buddhism），佛教早在西元4世紀從印度傳入東南亞，直到西元10～12世紀間，才由統治泰境的孟族與高棉帝國傳入泰國。

　　泰國大約有30萬名僧侶住在寺廟中，過著佛祖訂下的清規戒律生活。已故泰皇浦美蓬也曾剃度出家，泰國境內約有2萬8千座大小寺廟，尤其雨季是一般年輕男子出家的時節，人數會增多，泰國每位男性佛教徒都要有出家為僧的經驗，從最短7天到6個月不等，隨身僅有黃袍架裟、化緣缽碗，不可持有私人財物，此舉也被視為償還父母養育之恩，為父母積功德。

（泰國觀光局）

泰國與首都曼谷

泰國位於中南半島重要位置，總面積為 51 萬 3,115 平方公里，約為台灣的 14 倍大，國土形狀類似大象的頭，可區分為中部、東部、南部、東北部、北部。

泰國首都曼谷（Bangkok），泰語為克倫太普（Krungthep），有「天使之城」的意思，直轄市面積 1,568.7 平方公里，地處平原，位於昭披耶河（Chao Phraya River，俗稱湄南河）流域，全長 372 公里，也因此水上交通非常便利。

其地理位置於暹羅灣（Gulf of Siam）頂端，是政府機構所在地，也是泰國政治、經濟、貿易、交通、文化、科技、教育等各領域的中心，目前行政區域共分成 50 個區，人口約 800 萬～1,000 萬，其中包含許多外移人口。

泰國地理位置圖

緬甸 Myanmar

寮國 Laos

清邁 Chiang Mai

大城 Ayutthaya

曼谷 Bangkok

芭達雅 Pattaya

七岩 Cha-am

華欣 Hua-Hin

柬埔寨 Cambodia

N

馬來西亞 Malaysia

年節慶典

　　泰國節慶有很多，其中最為大眾熟知的就是潑水節又稱松克朗節（Songkran）、水燈節（Loy Krathong）和火箭節（Bun Bang Fai）。潑水節每年從 4 月 13 日到 4 月 15 日舉行，是泰國一年當中最重要的節慶，也是最多台灣觀光客參與的活動，節慶名稱從梵語而來，代表著農曆新年萬象更新之意。在泰國農曆年期間，當地人會穿新衣服去佛寺祭拜並奉上食物給僧侶，也會開始大掃除，將家裡不要的舊物丟棄，4 月 13 日則會虔誠的為佛像洗浴祈求祝福。泰國相信鬼神，到處可見神龕的小屋，主要是供奉當地的鬼靈。

（泰國觀光局）

泰國重大節慶	
節慶	時間
兒童節	每年國曆 1 月的第二個週六
萬佛節	每年泰曆 3 月 15 日，即國曆 2 月的滿月日
卻克里王朝紀念日	國曆 4 月 6 日
潑水節 （宋干節／泰曆新年）	國曆 4 月 13 日至 4 月 15 日
春耕節	國曆 5 月 10 日，為祈求農業豐收的節日
佛誕節	每年泰曆 6 月 15 日，即國曆 5 月的滿月日
三寶佛節	每年泰曆 8 月 15 日，即國曆 7 月的滿月日
守夏節	每年泰曆 8 月 16 日，即國曆 7 月、三寶佛節隔日
皇后華誕節	國曆 6 月 3 日，紀念現任皇后生日
解夏節	每年泰曆 11 月 15 日，即國曆 10 月
拉瑪五世王紀念日	國曆 10 月 23 日，紀念朱拉隆功大帝逝世
水燈節	泰曆 12 月 15 日，即每年國曆 11 月
國王誕辰日（萬壽節）	國曆 7 月 28 日，紀念現任國王生日

不可不知的禁忌

泰國是個佛教國家，在生活習慣或習俗上與台灣有些差異，因此去泰國旅行前先做好功課，注意當地禁忌，就能減少誤會。

🚫 **參拜廟宇禁穿短褲、短裙或無袖上衣**

由於曼谷當地炎熱，去旅行可能天天穿著短衣、短褲，但到了廟宇，例如，玉佛寺（Wat Phra Kaeo）參拜時，務必記得多帶一件適合前往的服裝，否則可能會被禁止入內而掃興。

🚫 **不可摸泰國人的頭**

泰國人相信「舉頭三尺有神明」，如果頭被他人摸可能會遭來厄運，因此切記不要去摸小孩或大人的頭，即使小孩再可愛也不要做這樣的舉動。

🚫 **勿給零錢當小費**

在曼谷旅行時常會需要給小費，像是旅館打掃、按摩後等，但切記不要給零錢，這行為像視對方為乞丐，很不尊重，所以記得先看看口袋裡有無紙鈔再消費。

🚫 **禁止觸碰僧侶**

泰國是佛教大國，男子一生中必須出家一次，在路上遇見僧侶時盡量往旁邊靠，不要觸碰到他們的身體。

🚫 **勿討論泰國皇室或政治**

去曼谷旅行時，切勿對逝世的泰皇蒲美蓬的遺照有任何不尊敬的舉動，也盡量不要討論政治議題。

到曼谷旅行，大多使用簡單英語就能溝通，但如果能學習一些基礎泰語，不僅能拉近彼此距離，更可感受泰國文化之美，以下20句簡短的常用泰語，不妨學起來有備而無患。

中文	泰語
你好	sa-wad-dee-ka（撒挖低咖）
你好嗎？	sa-bai-di-ma（賽拜迪麥）
謝謝	kob-kun-ka（口昆咖）
再見	la-gong（拉拱）
對不起；不好意思	kor-tod（口套咖）
這個東西多少錢？	an-ni-tao-rai（阿尼套來）
我想去	can-ya-bai（肯雅敗）
不明白	mai-kao-zao（賣靠哉）
不要	mai-ao（賣凹）
洗手間	hong-nan（哄南）
醫院	long-pa-ya-ban（龍帕雅班）
你真漂亮	kun-sui-jing-jing（坤水晶晶）
你真英俊	kun-luo-jing-jing（坤裸晶晶）
喜歡	chuo（搓）
不喜歡	mai-chuo（賣搓）
輕	bao（包）
重	na（納）
我愛你	can-la-te（肯拉特）
注意小心	la-wan（拉完）
幾點鐘	gei-meng（給蒙）

sa-wad-
dee-ka

購物殺價小技巧

來到曼谷旅行，購物是不可錯過的一環，一般在百貨公司購物時，只能按照標籤上的價格付款，但如果是在小商店，賣場或路邊攤，就有討價還價的空間了。當然，每一件商品的價格在每個人心目中都不一樣，所面對的賣家也不同，殺多少才是最合理的價錢？真的是見仁見智，重點是能買得開心，買後覺得物超所值不後悔才是最重要。

❶ 在殺價過程中加入幾句簡單泰語，真的可拉近彼此的距離。

❷ 在觀光景點購物時，商品價格絕對會被哄抬，購買前先評估商品價值（材質、設計、喜歡程度等），自己心中要先有個底價，再詢問店家，店家通常會先報出定價，建議先從對折開始喊，再觀察賣家的表情，如果對方激烈搖頭甚至走人時，則可再往上加一點，如果還是無法達成共識，就得放棄或視喜歡程度購買囉。

❸ 當你看上某件商品時，店家會先報出價格，你一定會說太貴，準備走人時，店家會拿出計算機要你按價錢，這種情況表示對方成交意願很強，你可以先在計算機上按最低價，對方則會再按賣價，就這樣一來一往達成共識。

❹ 當商店早上剛開門或即將收攤時，最有可能用較低的價格買到商品。

❺ 購物時察言觀色很重要，某些店家會因為你殺價太低直接擺臭臉，這時不妨放棄再找；但如果店家猶豫時，不妨以開玩笑方式跟對方比手畫腳聊天（例如說泰語「水晶晶」稱讚對方漂亮），通常可卸下對方心防達成共識，但購物就是看緣分，倘若這裡交易不成也別難過，後面可能會遇到更好的也說不定。

❻ 如果店家已標示了大大的「No discount」或「No bargain」時，就不要太白目又去問了，通常會換來不好的臉色。

曼谷旅遊貼心 Q&A

QUESTION 01　目前需要打疫苗才能入境曼谷嗎？

泰國政府決議自（2023年1月9日上午8時）起，所有18歲（含）以上之國際旅人入境泰國時必需出示完整接種疫苗（2劑）證明，或由合格醫療機構醫師出具之6個月內已確診Covid-19並康復證明，未能施打疫苗者必需提供醫師開立之證明。但仍建議大家出國前攜帶小黃卡於身邊備用。

QUESTION 02　曼谷需要給小費嗎？大概要給多少呢？

泰國是個有收小費習慣的國家。包括入住飯店、協助搬運行李、協助叫計程車、餐廳、按摩等。但給小費時切記不可給銅板，需給紙鈔20泰銖起。一般入住飯店，每晚每人可放置20泰銖於枕頭上，按摩小費通常從50泰銖至100泰銖，至於餐廳則看服務人員服務情況給小費，搭乘計程車也能給些許小費。

QUESTION 03　如果在曼谷遇到緊急狀況，可以找誰求助呢？

曼谷旅行若遭遇消費糾紛或其他法律糾紛時，請即刻聯繫當地警方，以確保自身的權益。若遭遇緊急事件，可撥打旅外國人急難救助全球免付費專線：800-0885-0885。雖然在曼谷旅行相對安全，但建議旅行過程中務必提高警覺，避免出入危險場所或與陌生人前往未知地點，保護自己的安全是在曼谷旅行最重要的事。

QUESTION 04　要如何防止在曼谷被詐騙呢？

旅遊玩得開心平安最重要，可能會遭遇的詐騙手法如下。
1. 在熱門景點搭乘計程車，需注意司機是否按跳表，否則可能會被漫天叫價或繞路。
2. 主動搭訕的按摩店，盡量不要前往。
3. 色情場所很容易發生詐騙行為，前往時要特別小心留意。

❹ 若在臉書社團、LINE等看到跟泰國旅遊優惠的資訊，要提高警覺，因為大部分都是不法人士要詐騙消費者金錢的手段。

無論在哪一國旅行，都要提高警覺，盡量避免單獨前往人較少或陰暗的地點，以免發生人身危險。

QUESTION 05 有推薦什麼好用的APP，在曼谷可以使用的嗎？

軟體類型	APP名稱
叫車軟體	Grab、bolt
地圖找路	Google Map
訂房軟體	Agoda、Booking
找美食餐廳	TripAdvisor、Wongnai
大眾運輸及交通	BTS skytrain、Moovit、Transit TH
景點規劃	Amazing Thailand
泰國旅遊優惠方案	KLOOK、KKDAY
即時口譯軟體	Speak Thai（方便旅遊詢問或殺價使用）

QUESTION 06 入境泰國有規定需要帶多少錢嗎？

為了防止非法移工、偷渡等問題，泰國要求入境旅人攜帶與20000泰銖等值的貨幣。他們只會針對形跡可疑者進行抽查，不過為了避免麻煩，建議還是攜帶足夠的貨幣比較妥當。目前單次簽證出入泰國：個人需準備20,000以上泰銖，一個家庭40,000以上泰銖或等值外幣。

QUESTION 07 旅行時想買啤酒小酌放鬆心情，有何需要注意的事項嗎？

泰國是佛教國家，因此對於酒類的販售有較嚴格的規定。

每日的上午11點至下午2點，以及下午5點到凌晨12點，這段期間才能在便利商店購買啤酒或酒精類的飲料，當地警察也會不定時巡邏，所以得記得這項規定。

QUESTION 08 哪些行為不禮貌要特別注意？

前往泰國旅行與泰國人碰面可雙手合十表示禮貌，並說出泰語「薩瓦迪卡」代表了安樂吉祥與祝福的意涵。

但切忌不要用腳去指事物或人，對於當地人那是種很不禮貌的行為，因為帶有輕視或藐視的意思。

QUESTION 09 旅遊時如果發生身體不適該怎麼辦？

旅遊最怕生病，因此建議出國時能攜帶感冒藥、腹瀉藥、眼藥水、消炎藥、頭痛藥等，雖然在曼谷當地都能買到成藥，但若能先準備好以防不時之需。

如使用成藥仍不舒服，緊急情況就得立刻前往當地醫院就醫，若擔心英文不夠好，無法清楚描述病情，可跟醫院說明，泰國很多醫院都會找中文翻譯前來協助病人。

QUESTION 10 曼谷適合旅遊的季節為何？

整體來說，一年四季都適合前往曼谷旅行。但仍可區為4月是最酷熱的熱季、6月是雨季、12月則是氣溫較為涼爽。

但現在全年氣候暖化變遷，曼谷的雨季氣候也是相當炎熱，在這段時間旅遊需特別注意防曬並攜帶雨具，以防止突然其來的午後雷陣雨。另外，可多攜帶方便替換的涼鞋或拖鞋。

QUESTION 11 若看見泰國國王或皇室照片有何禁忌？

泰國皇室的地位在當地是非常崇高的，故來到泰國旅行常會見到泰國國王或皇室的照片，切記不可在國王或皇后的照片前嬉鬧或擺出不雅的姿勢，這對於泰國當地民眾來說是污衊的行為。

在泰國當地早上8點及下午6點聽見國歌時，應該立即停下手邊的動作，站好不可講話，等到國歌放完才可行動。

走，
去曼谷市區！

Let's go to DOWNTOWN of Bangkok!

CHAPTER **4**

來到曼谷，除了介紹你玩樂景點、
藝術文創、旅宿美食……還有必買
的紀念品，帶你搭船遊河，在市區
裡做一日文青！

必買 TOP.

學習送禮的藝術

到泰國玩，買伴手禮也是種藝術。建議從吃、喝、玩、樂、用這五種角度去思考。因為以泰國相對便宜的物價來說，很容易買到失心瘋，所以最好在旅行前蒐集些資料，才能在最有限的旅程裡，買到便宜、該買又得人心的伴手禮。

由於這些經典必買的伴手禮多數來自百貨公司、賣場、街邊小店、路邊攤，價格無法統一，只能靠自己的經驗多看多比較，不用太久就會有心得。

身體用品類

必備萬用藥膏、造型獨特的香皂等等，實用又獨特！

薄荷涼棒

英文為 Peppermint Field，是大受歡迎的實用伴手禮，有多種顏色，一頭可用鼻腔吸到薄荷涼味，另一頭可塗抹在額頭的薄荷涼油，放在辦公室提神醒腦最有效。

薄荷滾珠

另一個知名的薄荷棒品牌 Siang Pure Oil，前頭為滾珠設計，塗抹在額頭非常方便，稍微滾動一下就會流出涼涼的薄荷油，主要功能是治療蚊蟲叮咬。

青草藥膏

神奇的泰國青草藥，只要輕輕塗抹於被蟲咬、紅腫或皮膚癢處，都能紓解改善，所以被稱為「神奇藥膏」。

肌肉損傷藥膏

藥膏可分成紅色熱藥膏及藍色冷藥膏，我個人偏愛紅色藥膏，塗抹在關節疼痛處，會散發熱功效，可區分成大小條、不同尺寸來選購。

虎油

專門針對跌打損傷或塗抹在紅腫處，因本身散發薄荷清涼的味道，塗抹在額頭也有提神醒腦的效果。

天然草本香皂

紅色的香皂盒中央印有興夫人（馬丹興）照片，文字全寫泰文。香皂為圓形，質地細緻、氣味芬芳，據說是皇室御用，價格約40泰銖，很容易起泡，挺好用的。

爽身粉

泰國天氣潮濕悶熱，爽身粉也是當地人喜愛的生活用品，這罐畫著蛇圖案的SNAKE BRAND鐵罐爽身粉，就是當地最暢銷的牌子，分成大小罐，價格便宜，便利商店有賣，但大賣場常會兩罐綁一起出售，更划算。

水果造型香皂

造型有椰子、芒果、香蕉、奇異果、葡萄、檸檬、西瓜等，還有大象、綠樹、島嶼等樣式，款款都超「古錐」。香皂價格在當地很混亂，在百貨一個賣100泰銖，但我在夜市也買過3個100泰銖。

眼線筆

這款泰國 Mistine MAXI Black 魅力四射全效眼線液筆（1g），有人稱之為「人妖眼線筆」，盒子封面是一位亮麗的泰國女性，炯炯有神的雙眼就是用這款眼線筆畫出來，軟硬適中的刷毛，火速就能畫出一雙迷人大眼睛。

食物類

餅乾、零食是最受歡迎的伴手禮之一，把濃濃泰國味帶回台灣！

芒果乾

芒果乾酸甜口感佳，大獲好評，口味有沾糖及原味2種，分成大或小包裝，是送禮自用兩相宜的點心。

50

辣魷魚片

是款海味十足、又香又辣的魷魚片，也是相當有人氣的點心，依不同香辣度包裝可分為紅、橘、藍口味，常讓人吃到嘴唇發麻還不罷手。

酸辣風味泡麵

很受歡迎的泰國泡麵，其中我最愛泰式酸辣湯與鮮蝦口味，由於都買輕便包，常常一買就是一大袋，回國慢慢享受。

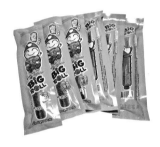

餅乾棒

頗受女性朋友喜歡的 Pocky 餅乾棒，包裝設計活潑可愛，細長酥脆餅乾沾裹不同口味糖衣，其中芒果限定版賣得很好。

小老板海苔捲

海苔捲又酥又香的滋味，真的會讓人上癮，也是送禮的熱門選擇。

小熊餅乾

泰國限定版芒果口味的小熊餅乾，是這款零食的粉絲必買款。

泰式奶茶粉

想泡出正統泰式奶茶必買的奶茶粉，為了能做出一模一樣的泰式風味，我常連三花加糖奶精與三花奶水一起買回家製作，風味很棒。

皇家牛奶片

奶味濃郁的牛奶片，也是很夯的伴手禮，含在嘴裡奶味十足，讓人不自覺著迷。

泰國巧克力

印有泰式風格圖案的巧克力，也有不少人喜歡，這種包裝精美的巧克力，適合送給上司或長輩。

香酥椰子片

椰子片餅乾，酥酥香香，濃濃椰奶風味，小包裝很適合送給同事。

泰式酸辣醬

這款是我個人心頭好，是必買泰式酸辣醬，用來蘸炸雞或火鍋料，酸甜滋味非常銷魂。

魚露

泰國餐館也常使用這種小小一瓶的魚露，買回家蘸水餃或當調味醬很對味。

花生零嘴

很經典的泰國伴手禮，分成罐裝或袋裝，有多種口味，買這款送禮不出錯！

精緻小巧的商品讓人目不轉睛，每樣都令人想收藏！

曼谷包

NaRaYa 是泰國最出名的泰國包品牌，當然也是必買伴手禮，其款式風格不斷推陳出新，如果買膩了包包，我很推薦像這種超可愛的隔熱手套或印有繽紛顏色的布料大象，全是 NaRaYa 商品。

小沙彌插香座

個頭嬌小的小沙彌其實是個插線香的座台，有多種款式，實用又可愛。

小沙彌燭台

穿著金箔顏色衣裳的小沙彌，面露喜悅神情，手持的缽是可放上小蠟燭的設計巧思。

手工香皂花

放在漂亮木盒裡的是手工雕製的蓮花香皂，栩栩如生的綻放姿態，吸引人買來珍藏。

零錢包

這種泰式風格、外型多樣化的零錢包，價格便宜，很適合當成禮物送人，也非常實用。

彩色瓷碗

這款顏色繽紛的瓷器碗在許多賣場都可見，價格不高，但搶眼實用，用來泡麵大小剛剛好。

木製燭台

泰國手工藝品很喜愛採用木製原料，像這款長桶型燭台，擺在玄關，很有泰式情調。

米奇茶壺

這也是逛市集的戰利品，壺身與杯蓋都有米奇的圖案，可愛實用。

泰式線香

顏色鮮豔的線香是人氣伴手禮之一，價位平實，點燃線香的味道與營造出的氣氛，可舒緩壓力。

胡椒鹽罐

這一對造型可愛又華麗的大象組，其實是胡椒罐與鹽罐。

紀念套組

嘟嘟車與大象都是泰國的重要象徵，
使用閃閃發亮的金屬材質製作的擺飾，
適合放在櫃子裡欣賞。

大象精油座

可愛的大象其實是精油座，擺放在
桌上陣陣飄香。

大象香台

可在大象背上插線香的小型香台。

MR.P 鑰匙圈

充滿幽默與趣味感的 MR.P，
是年輕人喜愛購買的商品，這
款顏色鮮豔俏皮的鑰匙圈，讓
人會心一笑。

小象手提袋

在曼谷，「象」是許多商品的主角，
如這款印有小象圖案的小提包。

擴香瓶

泰國很多地方都會賣擴
香瓶，適合擺放在辦公
室用來紓壓。

逛街購物。

百貨商場全攻略

曼谷的百貨商場令人眼花撩亂，但交通十分便利，搭乘捷運就能輕鬆抵達，大肆血拼一番！或許還能從中挖到寶，用划算的價格買到不錯的商品！百貨內的美食街不僅是考察當地飲食特性的好地點，也能趁機品嘗到各國料理；若逛膩了百貨公司，不妨貼近曼谷街巷，深入當地市集與夜市，用抱佛腳學來的殺價對話與攤販搏感情，相信會讓你收穫滿滿，也留下深刻回憶！

Siam Discovery

前衛摩登的精品百貨

暹羅發現（Siam Discovery）是間擁有歷史的百貨公司，為了給喜愛精品的消費者一個更棒的購物體驗，百貨風格變身為更前衛、簡約、明亮、摩登且時尚的路線，櫃位品牌也以國際精品為主。或許因為是高檔貴婦格調，每次來逛總是非常輕鬆，沒其他百貨公司的洶湧人潮，但也因為如此，才能突顯暹羅發現的貴氣。

雖然這裡賣的精品價格不菲，但體驗逛街的新鮮與舒服，卻是不用花半毛錢，所以閒晃百貨公司也是玩曼谷的重要項目之一。像欣賞鞋櫃區的摩登擺設，或香水櫃位的氣派展示，全都可見百貨的企圖心，除了男女服飾之外，這裡還特別規畫了許多生活品味的區域，是喜歡感受獨特生活風格的必逛區域。

Data
⌂ 989 Rama 1 Rd., Pathumwan district, Bangkok
📞 +66-2-658-1000
🕐 10：00～21：00（週一至週五）；10：00～22：00（週六至週日＆國定假日）
🌐 www.siamdiscovery.co.th
🚇 搭乘BTS於Siam站1號出口出站

暹羅天地購物中心
ICONSIAM
水上市場搬進百貨裡

　　ICONSIAM暹羅天地購物中心自從開幕後，人氣飆升，也成為曼谷最受矚目的百貨商場。ICONSIAM為Siam Piwat集團斥資超過540億泰銖全新打造高規格的購物中心。位於昭披耶河畔的ICONSIAM，起初前往百貨最便利的方式為搭乘免費接駁船，目前又多了另一項新選項，為全新開通的BTS金色線，搭至Charoen Nakhon站即可抵達，兩種方式各有優缺點，就看旅人偏好哪種選項。

　　走入百貨後，ICONSIAM果然令人大開眼界，除了各家國精品齊聚外，位於一樓的水上市場SOOKSIAM暹羅樂城更是百貨一大賣點，也成為百貨裡人潮鼎沸的區域。由於水上市場是曼谷旅遊必去的熱門景點，因此。這家百貨就將水上市場場景搬入百貨裡，那就不僅僅是噱頭而已，還多了有創意的商業頭腦。畢竟頂著太陽逛露天的水上市場，高溫常讓人吃不消，但在冷氣房裡逛水上市場不僅涼爽也多了一分悠哉愜意。

　　該樓層刻意把天花板加高，逛起來輕鬆無壓迫感，放眼區域內有著流動的河面及泰式風情的木舟，店家就在船上販賣起泰式米粉湯、泰式涼拌料理、顏色繽紛的飲料，船隻雖停泊沒移動，光是眼前景象搭配上叫賣聲，就已讓人深深著迷濃濃泰式風情。

　　當然，除了少部分的船隻有販賣美食外，大部分的店家都設在地面。一攤緊鄰一攤的陳列方式，真的讓人有點眼花撩亂。此外，百貨為了力求環境真實感，並在該樓層建造了許多泰式木製建築及廊道，空中垂掛大量的植物、花卉、旗幟等，讓旅人在尋覓想吃的美食時，能更融入水上市場的環境中。

　　店家多以販賣食物為主，只要是來到泰國想吃的特色美食，這裡幾乎都找得到，從經典泰式料理、泰式烤肉串、泰式奶茶、泰國當地的水果像是榴連、金黃芒果、泰式米粉湯、飯類等，琳瑯滿目。除了美食外，也能見到許多攤位販賣泰國日常用品及旅人最愛購買的泰國當地按摩油、薄荷棒等。但建議在這裡吃吃逛逛就行了，若真想購買伴手禮，書中還有推薦其他更實惠的地點可採購。

　　ICONSIAM 除了一樓的水上市場值得逛外，百貨厲害之處是讓 GUCCI、Hermes、PRADA、LOUISVUITTON、Cartier 等眾多國際精品齊聚。每一間店面也都是高級寬敞，逛起來還相當舒服。至於其他樓層也有許多亮點，像是大的蘋果專賣店、泰國工匠的手工藝品區、PORSCHE、文創商品區、兒童遊戲區、美食餐廳區。此外，在生活家具家電區域也很推薦，來這裡可見到許多泰式家具，除了傳統風格也提供更有創意的年輕設計師作品，至於在香氛區則能採購到多家泰國知名的精油、香氛商品。

　　位於百貨最高樓層 6F「Alangkarn」是全館最宏偉且吸睛的區域。從頂樓流洩而下的人工瀑布，將熱帶雨林搬進了百貨裡，營造出唯美及具有氣勢的視覺效果。該樓層設有餐廳及甜點店，而頂樓戶外花園區域，擁有曼谷最美風景的星巴克正位於此。你可以點杯咖啡在這裡欣賞昭披耶河河岸風光，在夕陽西下時刻看著行駛於波光粼粼河上的船隻抑或建於河岸邊多家高級酒店，將這份美好收藏入旅行的記憶裡。

Data

⌂ 299 Soi Charoen Nakhon 5, Charoen Nakhon Road, Khlong Ton Sai, Khlong San, 10600, Bangkok

☏ +66(0)2495-7000 ⏲ 10：00 ～ 22：00 🌐 www.iconsiam.com

🚌 (1) 搭乘 BTS 深綠色線至 Krung Thon Buri 站再轉搭金色線至 Charoen Nakhon 站，出站抵達

　　(2) 另一方式為搭乘 BTS 至 Saphan Taksin 站，步行至 Sathorn 碼頭，可見到 ICONSIAM 專屬免費接駁船（接駁船時間：09：00 ～ 23：00，每班船間隔約 10 分）

暹羅百麗宮
Siam Paragon
來曼谷非逛不可的百貨公司

　　來到曼谷逛百貨，首先必須朝聖的龍頭百貨就是暹羅百麗宮（Siam Paragon），無論是地理位置、店家與占地規模，都非常值得一逛。由於曼谷天氣炎熱，這個寬闊舒適的摩登百貨自然成為我每次輕鬆逛街的好選擇。暹羅百麗宮是能夠滿足所有需求的百貨，進入大門前，常會被精采的大型裝置藝術所吸引而駐足拍照，戶外寬闊的大廣場，在週末也是舉辦活動的熱鬧據點，常有藝人在此舉辦簽唱會，讓廣場總是擠滿人潮，帶來更多人氣與商機。

　　走進百貨後，水池造景的裝置藝術經常更換，這裡擁有250家商店，還有大型的電影院，如果時間允許，建議在當地體驗一場電影；不可思議的舒適與售價，以及全自動化售票系統，對比台灣高貴的電影票價，給人物超所值的滿足。百貨樓層配置地下一樓（G樓）為美食街，匯集眾多的美食攤位，消費者得先在櫃台拿取一張消費卡，

Data

☆ 991 Rama 1 Rd., Pathumwan district, Bangkok ☎ +66-2-690-1000（百貨）⏰ 10：00～22：00
🌐 www.siamparagon.co.th 🚇 搭乘BTS於Siam站3、5號出口出站，直接走Siam Paragon天橋通道即可抵達

在各攤位消費時直接刷卡，用完餐再到出口結帳，方便又省事；由於美食區域廣大，常讓人東繞西走迷失方向，而全天候的人潮更顯示暹羅百麗宮的無窮魅力。4樓也聚集了不少餐廳，是想要舒服用餐的好選擇，當然價格也偏貴些。

至於美食樓層下方為「暹羅海洋世界」，廣達1萬平方公尺的大面積展區，海洋生物高達四百多種，分成7個展覽區，旅人除了能親臨接觸美麗的海洋生物，還能透過兩層樓高的巨大水族箱，近距離欣賞大型海洋生物，以及海龜和魚群的優美泳姿。此外，還能前往觀賞4D電影，戴上眼鏡體驗驚喜刺激又有趣的奇幻世界，讓曼谷之旅變得清涼。

回到地面樓層，1樓有許多平價服飾品牌，像H&M或ZARA等，百貨3樓販賣許多家具，值得一提的是，在此樓層有間泰國知名曼谷包NaRaYa旗艦店，展覽區域比其他櫃位都更大，這家店商品種類完整、系列齊全，陳列架上擺滿最新款式曼谷包，想購買的朋友可別錯過。

還有家大書店紀伊國屋（Kinokuniya），來到曼谷我依舊喜歡逛書店，想藉此感受當地文化，只可惜街頭幾乎不見書店蹤影，通常只能在百貨才可遇見。這家書店書籍種類眾多，還販賣許多文具，文具控絕對別忘了到這裡繞繞，而且愈高樓層逛街人潮愈少，逛起來更舒服囉！

暹羅中心
Siam Center
創新求生存的老字號百貨

　　在曼谷眾多百貨裡，暹羅中心（Siam Center）是我每次都會前往的百貨之一。1973年開幕，屈指超過四十個年頭，歷史相當悠久，但它的蛻變卻是無止盡，永遠都會冒出新點子來吸引消費者，而且這家百貨的變化並非是循序漸進，而是大躍進那種勇猛姿態，即使在眾多百貨環伺下，暹羅中心依舊散發獨特風采。

　　為了吸引更多年輕族群的青睞，2012年後除了大改內部裝潢外，像顧客休息區的高腳椅設計，以及樓層中許多大型的裝置藝術成為拍照打卡熱點，甚至連洗手間都充

Data

⌂ 979 Rama 1 Rd., Pathumwan district, Bangkok ☏ +66-2-658-1000 ⏱ 10：00 ～ 22：00 ⊕ www.siamcenter.co.th/ 🚇 搭乘 BTS 於 Siam 站 1 號出口出站

滿潮流韻味，我最愛在高腳椅區歇歇腿，欣賞逛街人潮的穿著打扮。除了公共區域可免費欣賞外，這裡的櫃位也全為了符合年輕族群需求而徹底翻轉，每家店都是費盡心思的妝點設計，搶眼與新奇是必備條件，商品反倒變成其次，每每逛到這些商店時總忍不住想按下快門。

除了國際精品品牌外，還有許多泰國設計師品牌進駐百貨，逛著逛著來到頂樓的美食區。這個美食區打造得頗有特色，在匯集了眾多美食店家的區域裡，有獨立空間的餐廳，而位於中庭的美食用餐區空間挑高寬闊，採光明亮舒適，處處可見設計巧思，並非普通無趣的美食街，所販賣的料理也很多樣化，從泰國傳統米粉湯、異國料理、多種類型的甜點與飲料都有，絕對能撫慰旅人們渴求美食的心情。

暹羅廣場第一商場

Siam Square One
流行又時髦的購物商場

　　同樣位於 Siam 商圈的暹羅廣場第一商場（Siam Square One），不是百貨公司的類型，算是購物商場風格。這座地理位置很棒的商場裡聚集了年輕服飾品牌、下午茶、玩具店、3C 店、人氣餐廳等，成為當地年輕人最愛逛街吃飯的區域。比較值得一提的是，特殊的長型空間裡常有大型的裝置藝術進駐，或在樓層轉角處也會擺設超可愛的動物模型，成為拍照吸睛亮點。像商場中庭站了一頭三層樓高的巨大白熊，牠雙手倚靠在建築物上，翹著圓滾滾的大屁股，模樣實在可愛，每次來到這裡都會有意想不到的新發現。

　　這裡的餐廳種類眾多，像是義大利麵、日本料理、美式牛排等，都是知名連鎖餐廳，消費者也以年輕客群居多，價格上明顯與高級百貨有區隔，也是商場一大優點；也因為用餐人群少了許多，通常不用候位就能入內用餐，而在商場後面周邊也有小店聚集，很值得走走逛逛。

Data

⌂ 388 Rama I Rd, Pathum Wan, Bangkok, 10330　☏ +66-2-255-9994　⏰ 10：00～22：00
🌐 www.facebook.com/SIAMSQUAREONE　🚇 搭乘 BTS 於 Siam 站 2、4、6 號出口出站

蓋頌生活購物廣場
Gaysorn Village
與四面佛相隔對街的低調百貨

每回到「四面佛」祈福後，我就會過馬路來到對面的蓋頌生活購物廣場（Gaysorn Village）逛逛，目前百貨連結蓋頌大樓（Gaysorn Tower），變得更有規模，且地理位置極佳，以純白色大理石為設計基調，營造低調時尚的風情。在諸多新百貨公司崛起前，蓋頌大樓一直深受當地貴婦名媛及觀光客的喜愛，諸多國際精品如 LV、Emporio Armani、LOEWE、Bally、Burberry 等都在此設櫃，而泰國當地的設計師品牌也不少，像 Tango、Disaya、ISSUE 等，提供消費者另一個選擇。

百貨裡流暢又寬闊的購物空間逛起來很舒服，沙發區讓旅人疲憊的雙腿得以暫時休憩。我來這裡很少購買精品，較常被一些像 Aukao Aunum 居家品牌，以及百貨不定時舉辦的藝術展演所吸引，走進這裡彷彿置身藝廊般優雅。實在很難想像此處只跟四面佛隔著一條馬路，這裡的幽靜與彼方的熱鬧喧囂有著巨大差異，我猜或許是不斷來回走動的警衛，才使得百貨一切都是安靜高雅。除了閒逛吹冷氣，我也推薦喝杯咖啡再走，THANN Tea Café 是家超有文青氣息的店，店裡以紙箱剪裁成樹葉來裝飾，還播放爵士樂，可以有效紓解壓力。

Data

⌂ 999 Ploenchit Rd., Lumpini, Pathumwan district, Bangkok ☏ +66-2-656-1149 ◷ 10：00 ～ 20：00 ∰ www.gaysornvillage.com/en/index.php 🚇 搭乘 BTS 於 Chit Lom 站 1 號出口出站，直接走天橋通道即可

中央世界購物中心

Central World

泰國第一家連鎖大型百貨

　　中央世界購物中心（Central World）是我來到曼谷踏入的第一家百貨，當時是為了購買百貨一樓的 NaRaYa 曼谷包而被導遊帶到這裡，印象中滿滿人潮在店裡搶購，一大群人提著黃色塑膠袋在外邊等候的記憶歷歷在目；更由於附近就是旅人必訪的「四面佛」，因此這裡也成為旅人最常逛的百貨。中央世界購物中心是泰國第一家百貨，也是知名的連鎖百貨，就如其名，是最豐富的購物世界。由 ZEN、Central World Plaza 和伊勢丹（iSETAN）三家百貨組成，建築內還包含五星級酒店、國際會議中心、辦公室等，串連成東南亞最大的百貨公司。為了維持第一大的氣勢，2014 年又增加新成員 Groove@Central World，就開在 Zen 與 Siam Paragon 之間，主要為摩登餐廳與酒吧，成為潮流人士熱愛聚集的地點。

　　ZEN百貨主打年輕族群，服裝配件都走潮流風，也販售許多泰國當地設計師品牌，像是 Paul Frank 的巨大猩猩就很吸引我；百貨也賣多種文具禮品，樓上還有間手工糖果店，現場製作飄散濃濃甜味，也曾吸引我買了幾包當伴手禮。至於伊勢丹百貨相對

走成熟路線，商品以日本貨為主，價格昂貴許多。三家百貨相連，走道間常有特展，像是大象雕塑展、泰迪熊展等等，逛起來不無聊，但百貨相連這一點常讓我逛到忘記身處在哪。

Central World Plaza除了許多服裝店外，還有3C電器、潮流用品、家具等，一口氣逛得很痛快。這棟百貨共有超過五百家門市和餐廳，常常會逛到頂樓的美食街才驚覺肚子餓了，餐廳樓層有多家知名餐廳，連台灣美食「鼎泰豐」也在這裡設點，百貨裡還有電影院，非常精采。除了百貨公司超好逛，中央世界購物中心前的廣場一直是當地慶祝各種活動的重要地點，週末總會看見大型活動、演唱會或耶誕大規模裝飾；而伊勢丹百貨前因供奉象神及愛神，所以成為旅人熱拍景點，滿滿人潮聚集在百貨前也是常見景觀。也因為人潮眾多，這裡可拍到曼谷最精采的大塞車景象，當你來到這裡逛街時，記得在天橋上拍張照，色彩繽紛的計程車大排長龍的盛況，這裡就能拍得一清二楚。

Data
🏠 999/99 Rama 1 Rd., Pathumwan district, Bangkok ☎ +66-2-640-7000 ⏰ 10：00～22：00 🌐 www.centralworld.co.th/ 🚇 搭乘BTS於Chit Lom站1號出口出站，可由天橋進入百貨

盛泰領使商場

Central Embassy

走入太空船當一回頂級貴婦

　　2014年開幕的盛泰領使商場（Central Embassy）被封為曼谷的「貴婦百貨」，號稱是頂級再頂級的百貨公司，也成為必得朝拜的時尚聖地。盛泰領使商場屬於泰國百貨龍頭Central百貨集團，落腳在寸土寸金的地點，搭乘BTS到Phloen Chit站後，順著天橋走就能抵達。還沒進入百貨前，在天橋上欣賞這棟建築，果真是非常厲害的傑作，它不同於一般建築，而是採用不規則曲線，銀色材質包覆著玻璃，在陽光照耀下，美得像是一艘蓄勢待發的太空船，充滿未來科技感。建築共有37層樓，7樓以下是百貨公司，樓上則是柏悅飯店（Park Hyatt Bangkok）。

　　走進盛泰領使商場果然沒令我失望，建築中央為鏤空挑高，每一層樓全是特殊的流線，以純白色為基調，營造出明亮摩登的視覺感；簡潔的設計風格，就是要讓旅

人把焦點集中在櫃位上，與我原先預想的複雜奢華路線完全不同。既然擁有「頂級貴婦百貨」的美稱，國際精品可是一家都不能少，GUCCI、CHANEL、PRADA、HERMÈS、Ralph Lauren 等，每間門市的櫥窗設計也都很厲害，因為空間大，就更能發揮創意，欣賞櫥窗設計也成為我逛盛泰領使商場的一大樂趣。

當然，來到「貴婦百貨」多少也要虛榮一下。來自英國龍頭百貨哈洛德百貨（Harrods）咖啡館，這家複合式餐廳除了販賣多樣化 Harrods 周邊商品，還有間可喝下午茶的餐廳及甜點櫃位，而站在門外迎接賓客的兩隻巨大 Harrods 泰迪熊，自然成為旅人相機裡的主角。隨著手扶梯來到五樓人氣很旺的餐廳區域，聚集了非常多家特色餐廳，讓我想直接飛奔進去，有知名泰國菜 NARA Thai Cuisine、女性最愛的浪漫午茶餐廳

Audrey Café、還有充滿泰國文創特色的「Open House」，以及海鮮餐廳「建興酒家」，招牌菜是那濃郁美味的咖哩螃蟹，讓人非常嚮往。

逛完了餐廳樓層，記得到地下樓逛逛，因知名的超市 Eathai 位於這裡，是超市與美食街聯名的「Eat」、「Thai」，果然很懂得旅人心情，就是想吃也想買伴手禮。內有最熱門的泰國伴手禮芒果乾、椰子糖、榴槤糖、牛乳片、甜辣醬等，當然還有泰國水果與飲料區。至於美食街也是我的心頭好，多樣化的攤位如泰國料理、義式料理等等，不管來幾次都吃不膩，像泰國米粉湯、海南雞飯、泰式烤肉串等，還有清爽消暑的椰子冰沙與西瓜冰沙；美食街也很有泰式風情，無論是木製座位區搭配紙傘或牆上壁畫，以及最能代表泰國特色的嘟嘟車，甚至連廁所的設計，都令人覺得這是一間非常用心規畫的百貨。

Data

⌂ 1031 Ploenchit Rd., Pathumwan district, Bangkok
☏ +66-2-119-7777 ⊕ 10：00 ～ 22：00 ⊕ www.centralembassy.com/
🚌 搭乘 BTS 於 Phloen Chit 站 5 號出口出站，直接走天橋通道即可

航站21購物中心
Terminal 21
在百貨公司裡環遊世界

Data

⌂ 88 Sukhumvit Soi 19（Wattana）Sukhumvit Rd., North Klongtoei, Wattana, Bangkok
☏ +66-2-108-0888 ⏱ 10：00 ～ 22：00 🌐 www.terminal21.co.th/
🚇 搭乘 BTS 於 Asok 站或 MRT 線 Sukhumvit 站出站，出口連接百貨

　　位於 BTS 捷運 Asok 站的航站 21 購物中心（Terminal 21）是我在曼谷最常逛的百貨，由於總選擇住在附近巷弄的旅店，多餘的時間就會來這個充滿旅行感的百貨閒晃。整棟百貨的建築結構很特殊，從天橋走進來時，會先經過像登機門設計的入口，身穿白色制服的服務人員像是帶領顧客進入世界國度。這座百貨確實也做到這樣的突出風格，以航站為設計概念，在各樓層的規畫也是別出心裁，像是 M 樓層名為 Paris 巴黎，在這裡能見到噴水池與巴洛克時期藝術雕像。

　　百貨共有 9 層樓，從下至上可分成 LG 樓層的 Caribbean 加勒比海、G 樓層 Rome 是羅馬、M 樓層是 Paris 巴黎、LEVEL1 樓層是 Tokyo 東京、LEVEL2 樓層是 London 倫敦、LEVEL3 樓層是 Istanbul 伊斯坦堡、LEVEL4 樓層 San Francisco City 舊金山、LEVEL5 樓層 San Francisco Pier

舊金山碼頭、LEVEL6樓層是Hollywood好萊塢，每個樓層都針對不同城市做設計增添風情，讓旅人忙著逛街採購之餘，還能留點時間拍照留下紀念。

　　我最愛的是倫敦樓層，樓層入口有一台搶眼的紅色雙層巴士停靠，車內巧妙規畫成服裝店面，而倫敦的地鐵Underground車廂也在此現身，這裡店家都屬自營，會去採購潮流十足的服飾在此販售；而東京樓層有抱著柱子的巨大相撲選手、巨大的招財貓和日本藝妓等，飄著濃濃東洋味；伊斯坦堡樓層則充滿異國浪漫情調，天花板垂掛著吊燈，專賣絲巾、耳環、手鍊等配件。

　　至於舊金山樓層，最引人注目的就是巨大的舊金山金門大橋，以縮小比例橫跨在百貨中央，不禁佩服設計者的巧思；這樓層主要是各國料理的餐廳，用餐空間寬闊舒適。至於好萊塢樓層為電影院、電信公司和

販賣 3C 產品，而這座城市的地標同樣驚人，是一尊高達三層樓的巨大金人，象徵奧斯卡的榮耀與氣勢。

吃飽後記得來到 LG 樓層的加勒比海走走，我愛逛這裡的 Gourmet Market 超市，透過當地水果、各類飲料餅乾糖果等食品和伴手禮，也是了解曼谷這座城市最簡單的方式。至於超市一旁的美食街，則是提供旅人吃甜食飲料的好去處，「泰式手標奶茶」（Thai Cuisine）愈來愈出名，除了能喝到道地濃郁的泰式奶茶外，櫃位也販賣多款茶葉及可自己手沖的奶茶粉，在航站 21 購物中心就能喝到我覺得非常開心，常常來此享受這股濃郁冰涼感；但店鋪日益走紅、聲名遠播，現在常是大排長龍，如果你不知道哪一間最火紅，只要跟著人龍排隊就是囉！最後，來到航站 21 購物中心逛街時，記得去頗具特色的廁所瞧瞧，乾淨且充滿海洋風格的創意設計，讓我也忍不住在裡頭按下快門。

The Emporium
日本旅人最愛的純白色百貨

　　當大家在討論曼谷哪家百貨最火紅時，於 1997 年開幕的 The Emporium 仍以它低調優雅的姿態在迎接貴賓，純白弧形建築的百貨裡，販賣了高質感的商品，由於附近住了不少日本人，讓 The Emporium 成為日本旅人最愛逛的百貨。來到這裡逛街感覺非常舒服。從 BTS 的 Phrom Phong 站 2 號出口通道就可直接進入百貨 2 樓，純白色的空間設計，營造出低調奢華感，中庭垂掛著高聳發光的藝術創作，也為老百貨增添了些許創意。

Data

⌂ 622 Sukhumvit Rd., Watthana, Bangkok ☎ +66-2-269-1000 ⏰ 購物時間11：00～21：00：客廳擺百貨

時間10：00～21：00 ⊕ www.emporium.co.th 🚉 搭乘 BTS 於 Phrom Phong站 2號出口出站，出口連接百貨

　　高級百貨免不了要有國際精品專櫃，裡頭還有不少當地設計師品牌，像 JASPAL 就是大眾最熟悉的泰國設計品牌，3 樓為 Exotique Thai，販賣許多香氛及精油商品，有 divana 等泰國知名香氛品牌；4 樓是我喜愛的居家雜貨樓層，也有部分香氛商品，我常邊聞香氛邊逛寢具，這裡也賣些頗有特色的木雕藝術品。

　　逛著逛著，我發現許多打折的瓷器及布作的廚房用品，看到瓷器很心動，但因商品太重只能純欣賞，沒花錢也挺享受。繞到另一頭看見文華餅房專櫃，多樣化的麵包、精緻漂亮的甜點擺滿玻璃櫃，許多旅人就坐在後方的座位區，優雅地享受咖啡與甜點。

　　再往上走，6 樓是豪華電影城，若有多餘的時間不妨欣賞一部泰國電影，會有不同的感受。當我逛完百貨準備下樓時，赫然發現了創立於倫敦，擁有兩百多年歷史的男性護膚店「Truefitt & Hill」，裡面裝潢彷彿來到倫敦地區的理髮店，也是當地皇室貴族的最愛，我看了價目表：剪髮1,100 泰銖、擦鞋服務 550 泰銖，感覺還挺不錯，價位算合理。

The EmQuartier
被綠意包圍的百貨叢林

　　為何來曼谷旅遊，百貨公司的介紹會占那麼多篇幅，這是因為在當地逛百貨公司，也是旅程中不可或缺的重要行程。位於 The Emporium 對面、同屬 The Mall 百貨集團的 The EmQuartier，是目前超夯的必逛百貨，2015 年開幕，以左邊的 The Helix、右邊的 The Class 及後方 The Waterfall Quartier 三棟建築連結而成，好處是一進去就能連逛三棟，壞處就是會逛到腿又痠又麻。

　　百貨業者為了能一網打盡，每一棟百貨走向皆不同，從捷運連接口會先走進 The Class，這棟百貨有 D&G、COACH、MARC JACOBS 以及許多適合年輕族群的品牌；其中特別開設的 Q Stadium 就是聚集了許多像 Vans、Levi's 等受年輕族群青睞的品牌。此外，受到大眾歡迎的平價時尚 ZARA 與 H&M、UNIQLO 也在百貨裡，雖然這些品

牌在台灣已有專櫃，但我仍習慣稍微晃一下，看看有何不同，有時也會撿到不錯的打折品。

跟其他百貨一樣，The EmQuartier 也進駐許多泰國設計師品牌，看得出泰國一心想朝向世界設計邁進的決心，雖然我對陌生品牌無感，但看著精心規畫的櫥窗設計，偶爾也會吸引我駐足。

逛到 The Helix 這棟百貨時，在 M 樓層會看見許多國際精品品牌，包含 CHANEL、PRADA、JIMMY CHOO 等高檔品牌聚集在此。在樓上 Level1 也有不錯的發現，年輕風格的品牌 BEAMS、Banana Republic 在這裡出現，還有飄著濃濃香水味的 Bath & Body Works，女生們在店內賣力選購；緊接著我被喧鬧聲吸引，原來是曼谷很有名的餐廳「ROAST」（外媒評價很高的咖啡館），門口站了許多候位人們，與時尚服裝相較，看樣子大家更熱愛能吃進嘴的美食。

來到 Level4 的 Another Story 也很值得推薦，販賣的商品從服飾、包包、家具、餐具、文具等，幾乎什麼生活用品都賣，其實這些商品全是集結泰國及世界各地設計師，風格創新多樣，一定能滿足想挑選好貨的你。百貨樓上的餐廳是品嚐各國美食、餵飽肚皮的好去處。走出百貨看見高達 40 公尺的瀑布創作藝術，也讓這裡散發舒服的自然風情。

Data

⌂ 693, 695 Sukhumvit Rd., Bangkok ☎ +66-2-269-1000 ⏰ 購物時間 11：00 ～ 21：00；餐廳時間 10：00 ～ 21：00 🌐 www.emquartier.co.th

🚇 搭乘 BTS 於 Phrom Phong 站 1 號出口出站

MBK Center

回國前的瘋狂採購一次達成

　　嚴格說起來，群僑商業中心（MBK Center）不是一棟百貨公司，而是一座巨大的購物商場，是身為小資族旅人的必訪地點。我覺得 MBK 有點像是台北西門町的萬年百貨，裡頭除了有密密麻麻的小店外，還擺了不少活動攤位，這裡賣的東西多又雜，但逛起來超有感。創立於 1985 年的 MBK，據說當年是亞洲最大的購物中心，共有 7 個樓層，超過 2,500 個店鋪，有流行服飾、鞋子包包、生活香氛、金飾珠寶、3C 商品、食物雜貨等等，應該說比較像大批發的商場，或有冷氣的「恰圖恰週末市集」，因為旅人很多，商場內也有許多換錢地點，非常方便。

　　這裡的店鋪都不大，整體空間不算新穎，無法跟曼谷許多大型百貨相較，但來這裡逛街除了很涼爽，常常還會發現與其他百貨賣相同商品，價格卻不到一半的驚喜。雖說商場樓層有規畫分類，但

老實說我常會在樓層間逛到迷路，可見店鋪之多及範圍之廣。除了有不少餐廳供打牙祭，商場還有無數家藥妝店，這對想買薄荷棒或萬金油的人來說十分便利。此外，還有多家專賣給旅人的食品伴手禮店，樣式齊全、價格便宜。我習慣把這樣的行程安排在回國前，一次採買所需的生活用品和伴手禮，相當便利。

MBK 在疫情後最大的改變是日本品牌 DONDONDONKI 唐吉軻德，取代了原本的東急百貨，讓逛 MBK 多了另一項購物選擇。

此外，這裡每件 T恤售價大約在 100 泰銖到 300 泰銖間，我習慣東看西摸材質，也常會在這裡買到喜歡的圖案，香氛區及紀念飾品區也可走走，有不少大象造型的商品，雖然上頭都有貼標價，但絕對得殺價，愈早去逛會因為店家想開市而有意外驚喜，價錢很好談。

群僑商業中心建築在過去一直是藍色外觀，為了吸引更多年輕族群和強調文青風，建築也重新裝潢，外牆改為白色，「MBK」字樣改成黑色，設計添加更多新潮感，商場門口還派了隻白色大狗站崗，讓整體視覺更有活力，成為旅人拍照新景點，這也讓MBK這家經營多年的老商場，又有了全新的樣貌。

Data

⌂ 444 8th Fl.Phayathai Rd., Pathumwan, Bangkok ☎ +66-2-853-9000 ⏱ 10：00～22：00 🌐 www.mbk-center.co.th/ 🚇 搭乘BTS於National Stadium站4號出口出站

密西中心
Big C
外國旅人最愛的曼谷「家樂福」

　　泰國最有名的連鎖超市密西中心（Big C），也是來到曼谷旅遊的好夥伴，淺綠色的招牌上，跳出一個搶眼的C字，令人印象深刻。位於四面佛附近（Central World正對面）的獨棟Big C超市，是一家6層樓高的賣場，交通便利，因而成為我每次必訪的景點。為何密西中心會受到外國旅人如此青睞，原因就如同家樂福、大潤發等大型賣場，裡面所賣的食品種類繁多，通常價格也比外頭賣得低一些，自然吸引想採買伴手禮的旅人到此大採購。

　　這家密西中心因為交通便利之故，生意超好，絡繹不絕的觀光客讓賣場總是塞滿選購和結帳人潮。賣場樓下是餐廳、咖啡廳及賣成衣的店面，進入超市後，挑高的建築裡擺滿商品，首先看見的是藥妝櫃位，店家把銷售最好商品如Counterpain痠痛藥膏等一

Data

⌂ 97/11 Rajdamri Rd., Pathumwan, Bangkok ☎ +66-2-250-4888 ⏱ 09：00 ～ 00：00
🌐 www.bigc.co.th 🚇 搭乘BTS於Chit Lom站9號出口出站，或從Gaysorn Village走來步行約8分鐘

些藥品全都擺在最顯眼的架位上，讓來自世界各地的旅人能盡情掃貨，賣場另一邊是我挺愛的SNAKE BRAND爽身粉、adidas沐浴乳、香皂、止汗劑等專區。

正式進入賣場食品區時，只見高高的貨架上堆滿各類食品，從熱銷的NESTEA雀巢泰式奶茶、泰國酸辣泡麵、香辣魷魚片、小老板海苔、大哥花生、PRETZ、POCKY、Picco餅乾等全都有賣；為了方便旅人買回國送親友，常是以一大袋包裝販售，因此大家的推車上滿是各類型食品，數量之多，我常會想該如何登機？再往前走是生鮮水果區，可見到當地的新鮮蔬菜水果，但我個人覺得這裡的水果並沒有比較漂亮或便宜，所以頂多買當下想吃的水果，真要選購漂亮又便宜的水果，還是得在街上市場尋覓。如果想嘗嘗當地食物，不妨在熟食區買一點吃看看，繞到後方是飲料區，許多7-11的飲品這裡都有，像橘子汁、泰國鐵罐咖啡、礦泉水等，但多是大瓶裝，攜帶不方便。

另一頭是醬料區，像泰國美味的甜辣醬、蝦醬、魚露等都有。再上一個樓層，主要賣些電器、服飾及生活用品，為了觀察泰國人民的生活，我對這區也頗感興趣，販賣的服裝價格便宜，一件T恤常賣百元以下，但布料摸起來不太透氣，所以純粹欣賞就好。如果在這裡消費超過2,000泰銖，就能到結帳櫃台索取退稅手續單，之後再到機場辦理退稅。我估計逛完整棟超市至少得花上一個半小時，策略是喜歡就拿不用刻意比價。此外，提醒走在曼谷路上見到有人提著大袋小袋的薄薄綠色塑膠袋就是從這裡出來，那塑膠袋很薄且容易破，建議攜帶一個較大的折疊購物袋，結帳後就能派上用場。目前泰國除了密西中心這種大型購物商場，也發展出社區型、類似7-11的小型超市，唯一不變的就是醒目的招牌。

恰圖恰週末市集
Chatuchak Weekend Market

「再熱也要逛得熱情」，這句話正說明恰圖恰週末市集（Chatuchak Weekend Market）的吸引力，它的魔力來自於每一趟的揮汗之旅，都讓我有新鮮收穫（無論是購物或視覺），因此雖然已經記不清究竟來過多少回，但只要時間搭得上，我都會準備好遮陽帽、塗好防曬油、帶好購物袋後，就義無反顧的前去尋寶。

為何我把恰圖恰市集形容成火坑一樣？是因為它真的很熱，這裡夏天平均氣溫超過38度，但我卻愛上這種迷路尋寶的樂趣，會迷路？當然會。這個市集於1982年開始營業，總面積高達14公頃，約有一萬五千個攤位。原本是跳蚤市場，現為東南亞最大的週末市集，因為範圍很大，逛到腿痠是很正常的。我想大部分愛上曼谷的朋友，都因著迷這裡的市集文化，而恰圖恰正是市集中最醒目的一個，所以到此朝聖是必然。

東南亞最大的火紅週末市集

它只在週末開放、從上午9點開始就有大批旅人持續到來，官方估計每日有20萬人湧入。不知道市集在哪裡？千萬不用擔心，只要搭BTS在Mo Chit站下車（或搭乘MRT至Chatuchak Park站），再被大批旅人推著走就對了。

說實話，雖然我已來恰圖恰數回，但仍無法找到最適合的攻略，建議可先大概看一下方位，因為一旦進入如迷宮般的市集時，真會讓人摸不清方向。這裡共分成27區，但仍得實際走動才會清楚。目前分成：手工藝品、陶瓷類、家具擺飾、餐飲、植栽與園藝工具類、藝術用品、寵

物用品、書籍、古董收藏、二手服飾及雜貨類。走進市集就像開啟尋寶之旅，走在兩側都是店家的小徑非常有趣，也因為左轉右拐就會有新發現，成了恰圖恰最大的魅力。

我對於有泰國文化風味的商品很感興趣，還有創意小物、皮件、紀念品、動漫、美到不行的布包等商品。

這裡也販賣數不清的寶貝，像許多旅人喜愛的線香，多半是一大包100泰銖，還有我偏愛的大象周邊商品。我的採購經驗是「看到喜歡就去喊價購買」，因為這裡如迷宮似的店家設計，經常會尋不著來時路，想再回頭幾乎是不太可能的事。但當你殺進某一區塊後，建議可適時的走到外邊的大路透透氣，這裡非常適合跟朋友分開逛，可以把市集中的鐘塔當成地標，先跟朋友約定好見面地點，避免大夥走失。

我非常喜歡逛二手服飾區，在那裡我能找到60 ～ 70年代的二手美國T恤和破破牛仔褲，猶記在將近40度的狹窄店家裡，汗流浹背的試穿T恤和外套，還有在布簾後試穿二手Levi's破牛仔褲，以及購買便宜二手

Data

⌂ 587/10 Kamphaeng Phet 2 Rd., Chatuchak, Bangkok ☎ +66-2-272-4813
◷ 週六、日09：00～18：00 ⊕ www.chatuchakmarket.org ⊜ 搭乘BTS於
Mo Chit站下車1號出口步行約5分鐘或搭乘MRT於Chatuchak Park站下車

球鞋的樂趣，都是恰圖恰帶給我的難忘回憶。只不過以前來這裡購物時總會大力殺價，通常會從對折開始砍起，在喊價之中成交，但近幾年由於旅人暴增，我發覺商家價格變得很硬，態度也很強勢，甚至連50泰銖都砍不掉，還得不斷拜託才能成交，這也讓恰圖恰市集的採購變得愈來愈困難。

但好處是，我發現這裡的商品持續在變化，因為天氣炎熱，愈來愈多店家安裝冷氣，還有些裝潢精美的小店鋪，所以每當我在只有塑膠遮陽板屋頂的迷宮裡逛街時，總能在這些小店稍微喘息。我還發現有些旅人愛到市集的露天按摩店按腳，逛累了的腫脹小腿肚最需要消腫，所以這個行業在恰圖恰市集頗受歡迎。

無論如何，來曼谷沒去過恰圖恰市集，真的是很可惜的事，無論白天或黃昏，週末記得一定要留點時間來逛逛，因為在恰圖恰即使沒滿載而歸，也很難空手而回。

帕彭夜市
Patpong
Night Market
巷弄內春色無邊的繁華
夜市

　　帕彭是曼谷最出名的夜市，也是觀光客最熟悉的。我記得頭一次到曼谷旅遊時，就是被帶來逛帕彭夜市（Patpong Night Market），那繁榮的夜市氛圍，至今仍歷歷在目，所以直到現在，只要有時間我仍會回到這裡閒晃，感受那一分泰國獨特的夜市文化。

　　這個夜市究竟有什麼特別之處？為何觀光客總是趨之若鶩？旅人搭乘 BTS 至 Sala Daeng 站下車後，夜市由 Silom 這條路開始向兩側展開，所以首先最吸引我的，就是路旁兩側紅磚道上的小攤販，賣著像泰式傳統紀念品、潮流T恤、襪子、鞋子、包包、手錶等，商品五花八門。前幾年盜版光碟猖獗時，走在 Patpong 街上，也會有人不斷迎面而來，問你是否想購買色情光碟，只不過現在流行看網路電影，這種隱身的流動攤販，因無利可圖而消失無蹤。但坦白說，這些攤販所販賣的商品，我幾乎都

在 Chatuchak Weekend Market 看過，而且這裡的價格高出許多，且因為專賣觀光客，殺價空間有限，所以我還真不常買。若真看到喜歡的，我仍會稍微出價，如果出價成功才購買，以免破壞逛街心情。此外，路邊也會有些餐食小攤販，像炸雞、海南雞飯、米粉湯、椰子水……，價格都很合理，可以買來試試。

除了路邊攤，這裡聚集了不少按摩店，按摩價格多落在2小時550～600泰銖左右，比起台灣動輒破千元的價格，非常吸引人，自然吸引不少旅人在此按摩。我自己也嘗試過幾回，雖說技術普通，但至少能暫時歇歇腿，偶爾做做泰式按摩或腳底按摩也是不錯。不過帕彭夜市那麼出名，絕非因為一般路邊攤或按摩店，而是巷弄裡春色無邊的酒吧，來到這裡會見到一大群穿著清涼的女孩子在店門口招呼，或故意打開酒吧大門，讓人可稍微窺視裡頭的燈紅酒綠，用鋼管女郎的清涼畫面來吸引旅人，還有人會不斷阻擾你往前走，喊著喝飲料看秀只要300泰銖的便宜價格；但我已聽過太多被剝皮的故事，所以除非太好奇，而且有當地朋友帶，否則我強烈建議不要獨自進去，畢竟人生地不熟，誰知道進去昏暗場所會發生什麼事？因此逛到這區域，我總是隨便看看商品，當然大部分都是賣些仿冒名牌貨，然後快步通過那可能會引起麻煩的色情區域，這是逛夜市特別需要注意的一點。

由於近期泰國政府正在大肆整頓市容，熱鬧喧囂的帕彭夜市也變得黯淡，人潮似乎有大幅下降的情況，但這就要看泰國政府整治路邊攤的決心了，只不過對於愛逛夜市的我來說，沒有熱鬧街頭小販的帕彭夜市，仍讓我感到有些不習慣及落寞。

水門市場
The Platinum Fashion Mall
專為批發商而開的商場

　　很久之前就聽聞水門市場（The Platinum Fashion Mall）大名，因為一位住在新加坡賣成衣的朋友，總會來此批貨，況且他每次展示出來的戰利品，都是物美價廉，讓我更加明白水門市場是批發客的天堂，於是我特別找了一天去探訪這個知名度頗高的批貨商場。水門市場範圍很廣，並非單指某個賣場，而是帕圖南區域（Pratunam），這一帶是曼谷較早開發的地區，總能找到許多店家，逛起來挺累人，因此最適合旅人的當然是與國際飯店 Novotel Bangkok Platinum 連在一塊，有冷氣的「白金時尚購物中心」（Platinum Fashion Mall）。

　　這個購物中心交通挺便利，可以搭乘 BTS 到 Chit Lom 站下車，而且目前有空橋可輕鬆連通，天橋一共串連起 Central World、Big C、Platinum Fashion Mall，不像昔日需要揮汗走在擁擠又車水馬龍的顛簸馬路上，且沿途也有不少美食路邊攤及商品攤販（Central World 前），個人覺得還挺有趣，10 泰銖的零錢包、25 泰銖的冰涼椰子水……，非常划算。在走到水門市場前會經過大家強力推薦的綠色 SuperRich 總店，這家的匯率最便宜，若有路過不妨比價看看（在曼谷旅遊比匯率，是另一種樂趣）。

再往前走會看到當地的「空盛桑運河快船」（Khlong Saen Saep Express Boat），空盛桑運河不算大，流經水門市場，河上可見對當地人很便利的交通船，看起來挺有趣。

在經過一連串攤販後，可到達這一棟專賣批發商品的購物中心，裡面可採購的區域有7層樓（B ～ 5th），共有2,768個店鋪，空間以白色為主調，感覺有點像室內版五分埔，商品種類相當多，有T恤、短褲、包包、飾品、太陽眼鏡、手錶、擺設品、寢具組……，看得讓我很心動，幾乎都有標示價格，原本心癢癢的想大買一番，但殺了幾次價後都碰釘子，才發覺這商場真的是針對批發商所開，在這裡若只是單買，價錢根本跟外邊攤販差不多，有的甚至還更貴。

詢問朋友後才知道，這裡至少要購買三件以上才會有折扣，但我不想空手而回，最後用普通價格得手一套有創意卡通圖案的寢具當戰利品。此外，2016年在水門市場附近開了新夜市叫霓虹夜市（Talad Neon），是一個範圍面積頗大的夜市，若逛完水門市場後還有體力，不妨接續逛夜市，但若腿力不夠就得先找按摩店按按腿紓壓了。

Data

⌂ 222 Petchburi Rd., ThanonPetchburi, Ratchthevi, Bangkok ☎ +662-121-8000 ⏰ 09：00 ～ 20：00 ⊕ www.platinumfashionmall.com/ 🚇 搭乘 BTS 於 Chit Lom 站下車走天橋，步行約 15 分鐘

（泰國觀光局）

考山路

Khao San Road

充滿異國氛圍的特色街道

（泰國觀光局）

Data

🏠 Khao San Rd., Phranakorn, Bangkok ⏰ 17：00～02：00

🚇 (1) 搭乘BTS於National Stadium站下車，再轉搭計程車前往 (2) 搭乘交通船於13號Phra Arthit Pier碼頭下船後，轉搭計程車前往

　　曼谷考山路（Khao San Road）又有「背包客天堂」之稱，因為這裡聚集了許多價位較低的旅館與民宿，一直是外籍旅人熱愛的食宿地點，隨處可見金髮碧眼的旅人，是歐美旅人大本營。最大的特色是街上瀰漫著一股頹廢感，招牌林立，緊鄰的一間間小店鋪讓旅人充滿尋寶樂趣。

　　街上攤販販賣多樣化的當地特色小吃，像是最受歡迎的涼拌木瓜絲、泰式串燒、香蕉煎餅、泰式米粉湯、泰式炒粿條、手搖奶茶……，甚至連油炸蠍子這類昆蟲小吃都有賣，因物美價廉而大受歡迎。

　　除了有琳瑯滿目的路邊攤販外，這裡也有不少特色小餐館及咖啡館，開放式的露天餐桌是旅人首選，邊吃美食邊欣賞行人，成為最放空的休閒活動。此外，考山路也有許多賣著風格商品的小店鋪，常可找到不錯的紀念品及伴手禮。

　　夜晚的考山路，霓虹閃爍，愈夜愈美麗，酒吧震耳欲聾的音樂，增添了一絲自由氣息。只不過此處沒有捷運站，通常得搭船或轉搭計程車，但想搭計程車前往考山路，總會遇見不願意跳表的司機，常會與旅人發生糾紛，這點需要特別注意。

飛機創意市集
Chang Chui Market
充滿文創氣息的前衛市集

「曼谷永遠都有新市集的誕生」，這句話的確有道理，逛市集對當地民眾來說，是一種最平常的休閒活動，對於觀光客也具強大吸引力，不斷走訪新市集，也是曼谷旅遊不可或缺的行程。

2017年6月開幕的「飛機創意市集」（Chang Chui Market），因為聚集了文創、藝術、美食、購物等多樣化特色，成為受矚目的新景點。只不過這個創意市集與市區之間有點距離，搭乘BTS及MRT捷運也都到不了，最方便的交通方式就是搭計程車或包車。即使交通不算便利，但因市集涵蓋多種特色，所以仍吸引不少旅人上門一探究竟。

進入飛機創意市集前得先買票，但票價不貴。走進市集會發現，這裡因是後期成立且經過規畫，並非像一般市集只是擺滿攤子，而是由一間間帶有風格的小店鋪組成，而且空間寬敞，走到市集的中央廣場則可見到一架大型飛機，這也是「飛機創意市集」的名稱由來。在夜間，這架大飛機因投射燈的變化，而化身藍、紫、紅三色，非常酷炫。一旁還有露天酒吧、Live Band表演，讓該區域變成熱鬧有趣的拍照景點。

除了跟這架飛機合影留念外，附近還有多家餐車，賣著泰式串燒、

（泰國觀光局）

Data

⌂ 460/8 Sirindhorn Rd., Bang Phlat, Bangkok
☎ +66-81-817-2888
🕐 11：00 ～ 23：00
$ 免費入場（免停車費）
🌐 www.changchuibangkok.com
🚌 建議直接搭乘計程車。或搭BTS至Victory Monument站，再轉搭515、539號公車至Bang Kruai站，出站後步行3分鐘可抵達

（泰國觀光局）

泰式小點心、飲料……，不妨在這裡打打牙祭再繼續逛。市集裡有許多
值得逛逛的服飾店及飾品店；園區內還規畫小型跳蚤市場，販售二手服
飾、油畫、瓷器用具，逛起來還挺有趣，而該市集擅長運用霓虹燈的變
化營造出前衛感，是市集最大特色。

　　走到市集後方，會看見一顆超大骷顱頭，這顆頭會不時的吐出乾冰，
風格前衛，但看起來仍有點駭人。此外，園區內許多藝文空間，是可以
花多點時間慢慢欣賞的好地點。

文青漫遊.

逛古蹟賞文藝文創正盛

曼谷目前瘋文創，政府正啟動全面改造都市計畫，從街頭巷尾的建築到巷弄小店，都能發現文創因子；還有許多經典景點也充滿值得再三回味的文化特色，想要當個「曼谷文青咖」，就得一起來看古蹟、逛美術館、看精采泰國秀，買點文創商品，最能感受曼谷獨特的文青魅力。

四面佛

Phra Phrom
深厚的宗教文化底蘊

Data　⌂ Ratchadamri路和Phloen Chit路交叉口　☏ +66-2-252-8750　◷ 06：00～22：00　🚇 搭乘BTS於Chit Lom站下車，6號出口下天橋

　　來到曼谷旅行，一定能深刻感受當地民眾對信仰的虔誠。知名的四面佛（Phra Phrom）位於交通繁華的路口轉角處，被諸多百貨公司圍繞。這尊四面佛緣起1956年，當初要蓋一旁的Erawan飯店時意外頻傳，法師建議建造四面佛後飯店才順利興建。四面佛是印度婆羅門教的大梵天王，祂有著4張臉與8隻手，每張臉代表掌管不同的事，依序是事業、愛情、財富及健康，得按照順序參拜。

　　從白天到夜晚，自世界各地前來朝拜的信徒絡繹不絕，他們手持馨香、黃色花束與蠟燭，依序祈求心願。四面佛旁的亭子，有多位穿著祭神服飾的舞者負責信徒的祈求與還願，只要填寫姓名並繳費，舞者就會在傳統樂音的伴奏下，優雅的哼歌起舞祭神。

BACC曼谷藝術文化中心
Bangkok Art And Culture Centre
繞著純白色的圓欣賞藝術

Data

⌂ 939 Rama 1 Rd., Pathumwan, Bangkok ☏ +66-02-214-6630
⏰ 10：00 ～ 20：00（週一公休）🌐 www.bacc.or.th 🚇 搭乘 BTS 於 National Stadium 站從天橋步行約 5 分鐘可抵達

　　位於熱鬧商圈的 BACC 曼谷藝術文化中心（Bangkok Art And Culture Centre），外觀是一棟頗具設計感、以清水混凝土建造的弧形建築，從捷運連接的天橋走向藝術中心，會先看見五位藝術家共同創作的塗鴉藝術，不同風格的可愛創作，在還未進入藝術中心前就營造出趣味新鮮感。BACC 內部風格簡約俐落，純白色圓弧形走道連接各樓層，中間則為挑高鏤空設計，光線從屋頂流瀉而下，旅人順著圓弧走道緩步前行欣賞作品，無論是從高樓層往下或從低樓層往上行，都不會錯失好作品，的確是非常聰明的設計。

　　BACC 共有 11 個樓層，裡面所展覽的創作很多樣化，像是繪畫、雕塑及裝置藝術等，展覽作品還會不定時更換。我觀察到牆面上的畫作因距離較遠而不會受到其他作品干擾，這樣的安排真的很好。此外，展場裡也展出大型的裝置藝術，通常會直接擺放在寬闊的中央區域，更能展現作品氣勢與想要傳達的意涵。除了展出藝術作品外，BACC 其他樓層還有多家文創小店，賣些文具、筆記本、明信片、卡片、杯具、生活擺設等等，不妨來這些小店鋪走走逛逛或到二樓的咖啡館 IceDEA 喝杯咖啡，為這趟旅程增添文青氣息。

TCDC泰國創意設計中心
Thailand Creative & Design Center
與眾不同的文創魅力

原本位於The Emporium百貨裡的TCDC泰國創意設計中心（Thailand Creative & Design Center）搬家了，新地點位於舊城區石龍軍路的郵政總局大樓，更符合文創新舊交融的魅力！這棟五層樓的舊建築於1939年完工，褐色的建築外觀散發低調的復古風情。

　　全新的TCDC於2017年5月開幕，是為了推動泰國創意工業所設立。入口處位於建築左側而非大門，內部空間皆為黑色調，展場可區分為前後棟建築，兩個展場於五樓串連一起，其中有個公共空間Creative Space，還有家風格冷峻的咖啡館可讓旅人在此歇腳，也能走向戶外的空中花園，欣賞附近老城區的建築風貌。

　　除非成為TCDC正式會員，否則購買一日券有限定參觀範圍，目前只有前棟Function Room、Rooftop Garden與Creative Space及後棟大廳的Gallery可參觀，裡面展出不少泰國當代設計作品與相關書籍資料，寬敞別緻的展覽空間也頗具特色。

（泰國觀光局）

（泰國觀光局）

Data
⌂ 1160 Charoenkrung Rd., Bangkok ☎ +66-2-105-7400
🕙 10：30～19：00（週一休館）$ 一日券100泰銖～200泰銖 ⊕ web.tcdc.or.th/ 🚇 搭計程車或搭乘BTS於Saphan Taksin站3號出口步行15分鐘

同場加映

2012年開幕的MOCA曼谷當代藝術中心（Museum Of Contemporary Art），挑高的建築裡呈現不規則的線條設計，展區以樓層區分，可分為固定展出作品與特展，不少新銳設計師的裝置藝術或畫作充滿天馬行空的想像力。在展區總能見到許多大型的畫作與藝術品，在純白色的背景下，各款作品都有著屬於自己獨特的靈魂。

風情旅宿.

從簡約到摩登應有盡有

曼谷，這座永遠在蛻變的城市，旅人住宿的旅館也提供千變萬化的選擇。在風格上，有豪奢、復古、溫馨或簡約的旅店；在價格上，也有動輒每晚數萬泰銖到每晚數百泰銖的旅店可選擇，曼谷旅店就是給人百花齊放的印象。至於在居住區域上的挑選，有的旅人重視交通便利性，希望離捷運站越近越好；但也有不少旅人青睞昭披耶河的河岸風光，寧願住得遠些，也要一早就能遠眺自然美景。由於曼谷這座天使之城的旅宿選擇太多，我只能以個人私心喜歡程度來介紹，希望能給大家一些建議。

瑞享飯店

Mövenpick Hotel Sukhumvit 15 Bangkok

低調沉穩的名牌旅店

瑞享飯店（Mövenpick Hotel Sukhumvit 15 Bangkok）是瑞士莫凡彼冰淇淋品牌旗下的酒店，位於 Asok 站附近的巷弄裡，一進到接待大廳，就給人充滿華麗且時尚的氣勢，地板與牆面貼滿大理石，搭配挑高設計與兩張很有設計感的沙發，再往內走就是公共休息區，裡面擺放了許多座位，一旁有公共電腦可使用。

房間的設計，無論是牆面、線條設計沙發或木質地板，都較為沉穩低調，浴室同樣走簡單路線，房型有好幾種，最基本房型則為淋浴設備，備品一應俱全。

早餐的用餐地點寬敞明亮，木質地板設計，散發更濃厚的時尚感，餐點方面，麵包區域選擇較多，也有提供現做歐姆蛋、荷包蛋的服務，房客可自行挑選，另外還有水果、飲料果汁等。公共設施則配有健身房，但最吸引人之處，是位於頂樓的游泳池，規模相較附近旅店來得大，難怪許多外國旅人都被吸引，上樓泡水、曬太陽。

Data

⌂ Sukhumvit Soi 15, Sukhumvit Rd., Wattana, Bangkok ☎ +66-2-119-3100 ⊕ Check in／14：00～00：00；Check out／12：00前 $ 一晚 2,500 泰銖起 ⊕ www.movenpick.com/en/ 🚇 搭乘 BTS 於 Asok 站下車步行約 10 分鐘

曼谷鉑爾曼皇權酒店

Pullman Bangkok King Power Hotel

挑高氣派大廳與寬敞戶外泳池

　　曼谷鉑爾曼皇權酒店（Pullman Bangkok King Power Hotel）是我很喜愛的五星級飯店，它既氣派又舒適，而且以這裡的價格與台灣同級飯店相較，確實相當划算。另外，MBK Center、Siam Square 等商圈都在不到 10 分鐘的車程內。

　　這間酒店隸屬於法國 Accor 連鎖酒店集團旗下品牌，飯店常會有促銷活動，折扣後價格更是優惠。搭乘捷運到 Victory Monument 站後，站外會有飯店接駁車提供載客，若步行大約 10 分鐘路程。鉑爾曼皇權酒店建築外觀頗有氣勢，超挑高的氣派大廳建築設計，讓旅人感受到奢華感。至於飯店旁則是 King Power Duty Free 免稅中心，閒暇之餘，記得前去逛

Data

🏠 8-2 Rangnam Rd., Ratchathewi, Bangkok 📞 +66-2-680-9999
🕐 Check in／14：00～00：00；Check out／12：00前 💲 一晚4,000 泰銖起
🌐 www.pullmanbangkokkingpower.com 🚇 搭乘BTS於 Victory Monument 站
下車，步行7分鐘或搭乘接駁車

逛，這裡商品櫃位眾多，且許多折扣商品售價低於市價，非常值得到此血拚。

　　客房雖然不若大廳充滿氣派感，但精緻摩登還是房間主要調性，能夠睡個好覺最重要。至於公共設施首推戶外超大規模泳池，讓人很想立刻跳入泳池，好好放鬆身心，所以入住期間，我幾乎天天來泳池報到，不浪費一點時間。而一樓戶外庭院精心栽種的植栽與水中魚群，都讓這裡多了一份優閒感。此外，務必品嘗該飯店的早餐，無論是餐廳裝潢或豐富菜色，都令人相當喜愛。

素坤逸曼谷公寓

In Residence Bangkok Sukhumvit

4.5 星級的複合式酒店

　　素坤逸曼谷公寓（In Residence Bangkok Sukhumvit）偏向公寓式酒店，在曼谷有不少這種類型的酒店，優點是空間寬闊，讓旅人更有家的感覺，在空間規畫上，區分成客廳、臥室、廚房、衛浴等，住起來更加舒服，房間設計上也力求摩登時尚，牆面漆上了明亮的顏色，地毯、窗簾、家具的配色相當有品味。

坐落在巷弄裡的「素坤逸曼谷公寓」，同時具備了高級公寓風格與多樣化酒店設施，早餐的用餐地點是Mauve時尚餐廳，供應各式國際美食。在裡面用餐很舒服，且提供的菜色多樣化，像是肉類、沙拉吧、水果、麵包……，再搭配一壺熱咖啡，絕對能吃飽。4.5星級的「素坤逸曼谷公寓」價格平易近人。若想好好紓壓一下，頂樓還有個圓形室外SPA池，很適合夜晚來泡水紓壓。

除了健身房之外，也另設SPA中心，價位比市價略高，但若選擇在酒店裡體驗SPA，回到客房就能立刻呼呼大睡，徹底放鬆。如果住膩了一般酒店，這種類型的複合式風格公寓，會是另一種新鮮選擇。

Data

⌂ 23/2 Sukhumvit Rd., soi sukhumvit 13, Wattana, Bangkok ☏ +66-2-645-4899 ⏰ Check in／14：00～00：00；Check out／12：00前 $ 一晚2,000泰銖起 ⊕ www.facebook.com/InResidence.Sukhumvit 🚇 搭乘BTS於Nana站下車步行約10分鐘

美蒂雅飯店素坤逸18巷
Maitria Hotel Sukhumvit 18
五臟俱全的精品酒店

美蒂雅飯店素坤逸18巷（Maitria Hotel Sukhumvit 18）位於Sukhumvit 18巷弄裡，從路口走進來約5分鐘就可見到這棟黑色建築物，交通算是方便。

這家4.5星級飯店的最大特色是公寓式酒店，簡單不複雜的空間，規畫出小廚房、客廳與主臥，有種麻雀雖小、五臟俱全的感覺。而落地窗外的那一排行道樹，陽光充足的照進客房，也為飯店增添更多舒適感，非常迷人。

該飯店由於具備了廚房，冰箱、咖啡壺、微波爐、麵包機等基本家電，櫃子裡放滿了餐具，可以在此煮一壺咖啡或烹煮簡單食物，有種家

的自在感。浴室空間的格調也不差，盥洗用具俱全，雖無浴缸可泡澡，但水量穩定，能好好淋浴。

　　雖然飯店為公寓式，但早餐地點也是在一樓大廳享用，漂亮的空間設計令人眼睛為之一亮，從特殊風格的吊燈、黑白大理石地磚、不同風格的座位區設計，光看就覺得舒服，能坐在這樣的空間用份早餐，其實相當滿足。因為該飯店的價格也是很平實，若你想要有個不同於五星級酒店的飯店，這家飯店其實在各方面都還不錯。

Data

⌂ Sukhumvit Soi 18, Sukhumvit Rd., Klongtoey, Bangkok
☎ +66-2-302-5777 ⏱ Check in／14：00～00：00；Check out／12：00前
$ 一晚2,200泰銖起 🌐 www.chatrium.com/maitriahotel/default-zh.html
🚇 搭乘BTS於Asok站下車步行約10分鐘

格樂麗雅10飯店

Galleria 10 Sukhumvit Bangkok Hotel
適合輕旅行的摩登飯店

　　格樂麗雅10飯店（Galleria 10 Sukhumvit Bangkok Hotel）位於熱鬧的Sukhumvit10巷內，是一家新潮精緻的飯店，以超優惠的價格來吸引旅人，當初因為評鑑相當好而選擇入住，住完後也想再給它一個讚！建築外觀相當摩登，以許多不同窗面拼貼，還有座發出不同顏色的酒吧，來到飯店大門會有種走到時髦酒店的感覺，在 Check in 時，服務人員還

會遞上霜淇淋消暑，服務相當好。

　　走進房間後，空間算是寬敞，牆壁則以線條勾勒出都市的形狀，另一頭牆面則有平面電視，木質地板搭配上藍色花紋地毯，呈現潮流風格。至於衛浴則走極簡的風格，從鏡面、洗臉台、淋浴間……，都營造出嶄新視覺感，頂樓有座泳池，有多餘時間可來泡泡水，非常適合來曼谷輕旅行的朋友入住。用早餐的地點位於一樓的酒吧旁，座位區以黑紅座椅來區隔，也與地板上的線條相呼應。

　　餐點部分還不錯，有現煎的西式歐姆蛋可吃，還有一區是泰國料理，格樂麗雅10飯店以這樣的房間與餐點，賣這樣的價格，應該可以滿足大部分的旅人需求。

Data

⌂ 21, Sukhumvit Soi 10, Sukhumvit Rd., Klongtoey, Bangkok ✆ +66-2-615-0999 $ 一晚 2,000 泰銖起 ⊙ Check in／14：00～00：00；Check out／12：00前 ⊕ www.galleriatenbangkok.com/en 🚇 搭乘BTS於Asok站下車步行約10分鐘

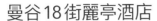

曼谷18街麗亭酒店
Park Plaza Bangkok Soi 18
精華地段的時髦旅館

　　曼谷18街麗亭酒店（Park Plaza Bangkok Soi 18）這家四星級的酒店我入住過很多回，每一次都給我很愉快的印象，所以每回來到曼谷都會想要下訂。此外，酒店的員工態度親切友善且專業，以及實惠的價格，都是曼谷18街麗亭酒店不斷勝出的原因之一，地理位置也算方便，距離知名百貨Terminal 21也不遠，所以整體來說地點相當不錯。

　　酒店大廳不大，卻營造出時髦感，舒服的沙發搭配立燈，讓人覺得很輕鬆。Check in時，服務人員會先送上冰涼果汁，一旁有幾台公用電腦可使用。房間內有著大又舒適的床，床後方有著泰式風格的壁畫，對面則是牆上的平面電視及一個書桌，床的另一邊為透明玻璃窗，裡面則有個可泡澡的浴缸，至於地板是以原木與地毯。除了房間設施，頂樓也有座游泳池，雖然不大，但整體的設計挺漂亮，除了能游泳，也能躺在傘下好好休憩，一旁也有健身房可使用。

　　酒店早餐更是令人讚賞，用餐處位於酒店二樓，無論是空間與座椅都很有設計感，一入座服務生會詢問你要的飲料，餐台也分成好幾區，有麵包、沙拉、水果……，同樣也提供現做的餐點，滿足旅人味蕾，整體來說，這是家CP值很不賴的酒店。

 ⌂ Soi Sukhumvit 18, Sukhumvit Rd., Wattana, Bangkok
☎ +66-2-658-7000 ⏰ Check in／14：00～00：00；Check out／12：00前 $ 一晚2,000泰銖起 ⊕ www.parkplaza.com/
🚇 搭乘BTS於Asok站下車步行約15分鐘

格樂麗雅12飯店
Galleria 12 Sukhumvit Bangkok Hotel
鬧中取靜的精緻空間

　　格樂麗雅12飯店（Galleria 12 Sukhumvit Bangkok Hotel）於2015年開幕，是間精緻的商務型酒店。它位於Sukhumvit12巷弄裡，距離熱鬧的BTS捷運站Asok站僅10分鐘的步行路程，一旁就是最方便購物與吃飯的Terminal 21，屬於鬧中取靜的類型。若是想在曼谷吃韓國料理的旅人，就務必前往Sukhumvit 12巷口，因為這區域是曼谷當地人吃韓國料理的首選。整體來說，以大約2,000泰銖能入住此飯店，非常划算。

飯店外觀為有格調的灰色建築，由於是屬於商務類型的飯店，因此客房空間不大，走時尚精緻路線，以純白色的牆面為主調，運用不複雜的線條減輕壓迫感，衛浴採淋浴方式。公共設施方面則有一座戶外游泳池，周邊圍牆更以竹子設計，展現雅致風格，想要在這裡曬曬太陽、游泳也很方便。

此外，飯店也有健身房、按摩、酒吧等設施，提供給需要的旅人。早餐用餐處則位於一樓，菜色不算豐富，但該有的都有，吃份煎蛋、火腿、麵包、水果⋯⋯也是很幸福的早餐。雖然往外走不遠就能來到大馬路，但飯店仍貼心提供嘟嘟車載旅人到巷口。

Data

⌂ 83 Sukhumvit Soi 12 Sukhumvit Rd., Wattana, Bangkok ☏ +66-2-206-0999
🕐 Check in ∕ 14：00 ～ 00：00；Check out ∕ 12：00 前 $ 一晚 2,000 泰銖起
🌐 www.galleria12bangkok.com/en 🚇 搭乘 BTS 於 Asok 站下車步行約 10 分鐘

美食饗宴。

吃出最精采的泰式風味

泰國料理有著千變萬化的滋味,早已擄
獲來自世界各地饕客們的味蕾。來
到曼谷旅行,當然一定得嘗嘗道地
美味,諸如青木瓜沙拉、打拋豬
肉、椰汁牛肉、泰式奶茶、摩摩喳
喳⋯⋯,從主食到甜點,種類繁多,
這些經典佳肴太迷人,永遠讓人百吃
不膩。

DQ
Dairy Queen
隨處可見的消暑冰淇淋

在曼谷許多商場都會常見到DQ（Dairy Queen）的小攤位，它是來自美國的連鎖冰淇淋品牌，每當逛街逛累發現DQ時，就會習慣去買個冰品來消暑解饞。

DQ販賣的冰品品項不算多，以冰淇淋為強打，款式可分為BLIZZARD、SUNDAES、SHAKES、CONES、ROYAL TREATS、MOOLATTE。將冰淇淋做成各種變化，如霜淇淋、冰旋風、奶昔、冰沙……，再淋上不同風味的果醬，呈現出不同顏色與口味。若想吃單純的冰品，建議點杯CONES霜淇淋就好，價格約10泰銖，滋味濃郁綿密，光吃這一樣，就有消暑效果。

Data
🏠 88 soi, sukhumvit 19 Rd., Wattana, Bangkok（Terminal 21店）
🕙 10：00～22：00　🌐 www.dairyqueenthailand.com/
🚇 搭乘BTS站於Asok站1號出口，位於Terminal 21的LG樓層

8番拉麵

Hachi-ban Ramen
平價美味的拉麵連鎖店

有沒有搞錯？來泰國竟然吃拉麵？沒錯！8番拉麵（Hachi-ban Ramen）是曼谷當地很有名的拉麵連鎖店，由於常開在大賣場或百貨公司裡，很容易碰到，許多旅人逛街逛到肚子餓時就會進去吃。

這家拉麵究竟有什麼特色？每次去曼谷非得吃它？8番拉麵賣的拉麵種類很多，價格都在150泰銖以內，除了拉麵也賣炒飯、日式和風炒麵……，不用擔心找不到喜歡的口味。店裡招牌「豚骨拉麵」麵條Q彈、

湯頭呈淡白色，喝起來濃郁卻不過鹹；麵裡搭配筍乾、叉燒肉片、蔬菜及一塊印有8字樣的魚板，分量不算太大。推薦搭配「日式煎餃」，這裡的煎餃大小適中，內餡包了絞肉及蔬菜，剛起鍋的餃子酥酥香香，一下子就會被吃光，另外還有燒賣、叉燒盤、溫泉蛋等，選項相當豐富，價格約在80～100泰銖左右。

此外，這裡還有必吃的「日式炸雞塊」，雞塊醃製入味，炸得酥脆金黃，恰到好處，蘸點泰式甜辣醬後，入口軟嫩還會噴汁，讓人非常著迷。而且8番拉麵的店裡空間都非常明亮，座位也規畫好坐的沙發區，對於逛到腿痠的旅人來說，來這裡吹吹冷氣、吃碗拉麵，搭配炸雞與可樂，就是非常輕鬆又舒服的一餐了。

Data

⌂ 444 Phayatai Rd., Pathumwan, Bangkok（群僑商業中心內）

🕙 10：00 ～ 22：00　$ 80泰銖起　🚇 搭乘 BTS 站於 National Stadium 站 4 號出口出站

121

MK
不只火鍋，還賣烤鴨與燒肉

　　在台灣吃火鍋是很普通的事，但在炎熱的曼谷還有一堆人愛吃火鍋，就讓人感到非常好奇。這家名為MK的連鎖火鍋店，獨特的火鍋風味非常吸引人。1962年開業至今的MK，是當地非常出名的連鎖火鍋餐廳，品牌名稱來自創辦人Makong King Yee，在許多購物商場或百貨都能見到餐廳蹤影。這家火鍋店的用餐方式，除了套餐之外也可單點，套餐的食材分量不會很多，就是蔬菜、肉片及幾款丸類，所以我通常會再單點一些菇類、豆腐……，這些火鍋料價位都在百元泰銖之內，分量都不大，難怪泰

國民眾多吃火鍋也不用擔心發胖，火鍋湯頭很清淡，完全不油膩，食材燙熟後蘸上MK特製的酸辣醬，能展現獨特泰式風味。

第一次來到MK拿到菜單時，會發現這家店賣的東西五花八門，除了最暢銷的火鍋外，也賣燒賣、叉燒拼盤等多樣熟食，另外果汁、冰品種類也不少，但我仍習慣會先點個推薦套餐，再加點一些其他餐食一起搭著吃，就會吃得很飽。

除了火鍋，這裡還有必吃的烤鴨與燒肉，口感軟嫩又入味，香氣四溢，跟火鍋是絕配。店內免費提供冰茶，剛好搭配熱騰騰的火鍋，吃起來非常舒服，分量也剛好，不會吃太飽或吃過頭，每人花費約500泰銖。

最近去MK吃火鍋還發現新鮮事，晚間用餐時刻的某個時間點，會突然音樂聲大作，而員工們會放下手邊工作，集體跳起了舞蹈，雖然面部有些僵硬，但也挺有趣，應該是為了招攬客人上門的新招術，只不過MK生意一向很好，員工還需要記舞步，也真是難為這些員工了。

Data

⌂ 4, 4/1-2, 7th Floor, Rajdanri Road, Pathumwan, Khet Pathumwan, Bangkok, 10330, Khwaeng Pathum Wan, Khet Pathum Wan, Bangkok（Central World店）　☎ +66-2-255-6578　⏱ 10：00～22：00　⊕ www.mkrestaurant.com/en　📍位於 Central World 內

ROAST
簡約文青風的甜點咖啡店

泰國人氣餐廳ROAST Coffee & Eatery，本店位於Seen Space商城，分店開在The EmQuartier百貨第三棟一樓（相當於台灣的2樓），緊鄰BTS的Phrom Phong站，交通相當便利。剛開門就湧現排隊人潮，可見這家咖啡廳的人氣。

ROAST Coffee & Eatery分店裝潢走簡約文青風，櫃台以原木色為主，搭配幾張高腳椅，很有味道。若選坐窗邊位子，便可欣賞百貨公司的綠林造景，清新雅致。這家餐廳之所以如此高人氣，是因為甜點相當厲害，像美味吸睛的巨無霸巧克力舒芙蕾、料多到滿出來的格子鬆餅、酥軟迷人的法國吐司……。一份Roast Breakfast早午餐約400泰銖，包含了煎蛋、煙燻鮭魚、培根、馬鈴薯、麵包及咖啡，價位不算便宜，但也豐富美味。

Data

⌂ 693 1 Helix Building A 695 Sukhumvit Road, Khlong Tan Nuea, Watthana, Bangkok, 10110　☎ +66-95-454-6978　◷ 10：00～22：00　⊕ www.roastbkk.com/　🚇 搭乘BTS於Phrom Phong站下車

NARA Thai Cuisine
饕客必去的道地泰式餐廳

　　NARA Thai Cuisine料理之所以受到旅人喜愛，主要是以其正宗的泰國風味和優雅的氛圍而聞名，並提供品種豐富的菜餚，各家分店各具特色，且都堅持採用優質食材和傳統烹飪技術，打造出美味且視覺上吸引人的泰國菜餚。此外，更連續3年榮獲米其林推薦肯定，也接連12年獲得Thailand Tatler雜誌讀者票選為最佳泰國料理餐廳。

　　位於中央世界購物中心百貨裡的NARA Thai Cuisine，風格設計同樣滿溢泰式風情，餐廳擅長將現代設計元素與傳統泰式風格融為一體，讓食客在用餐時感受舒適且溫馨的用餐氛圍，也成為來曼谷吃泰國料理時的熱門選擇。

　　最推薦的料理有泰式酸辣蝦湯、泰式綠咖哩、蝦醬空心菜、金錢蝦餅、泰式烤肉串、風味打拋豬、泰式香蘭葉包雞，甜點則推薦泰式椰子冰及椰子水。吃飽後，餐廳門口還可購買零嘴及伴手禮，是打牙祭的不錯選擇。

Data

⌂ Ratchadamri Rd, Khwaeng Pathum Wan, Pathum Wan, Bangkok, 10330 (中央世界購物中心店) ✆ +66-2-613-1658 ⏰ 11：00 ～ 22：00 🌐 naracuisine.com
🚃 搭乘BTS於Chit Lom站9號出口出站

建興酒家
Somboon Seafood
吃一口絕妙的咖哩炒螃蟹

Data

⌂ 5th fl., Central Embassy 1031 Ploenchit Rd., Pathumwan, Bangkok（盛泰領使商場分店）
☎ +66-2160-5965 ⌚ 11：00～22：00 ⊕ www.somboonseafood.com/
🚇 搭乘 BTS 於 Phloen Chit 站 1 號出口

　　曼谷的海鮮餐廳數量不少，其中建興酒家（Somboon Seafood）由於在網路討論度極高，許多國際旅人也都特意為了那道最出名的咖哩炒螃蟹登門造訪。建興酒家創立於 1969 年，是家開店已超過 48 年歷史的老字號，在曼谷有多家分店，紅通通的大螃蟹就是餐廳標誌。

　　最出名的咖哩炒螃蟹一上桌，只見紅通通的螃蟹被大量蛋汁包覆，配上濃濃的咖哩香氣，非常誘人，大螃蟹的甜美蟹肉與蛋汁香氣，讓這道料理成為每桌必點的首選美食。除了螃蟹，這裡還有多道膾炙人口的餐點，都非常入味可口，像炒蝦醬空心菜、烤大頭蝦、金錢蝦球、烤豬肋排、蒸魚、泰式酸辣湯……，每道菜都感覺是中泰融合的料理手法。

　　雖然頗具知名度，但建興酒家價格卻非常平實，平均消費每人約 500 泰銖，就能吃到飽足。

手標奶茶

ChaTraMue
喝出老牌茶葉新滋味

　　來曼谷必喝的飲料第一名，就是創立於 1945 年的泰國茶葉老品牌 ChaTraMue，因為品牌標誌是個大拇指比讚的手勢，所以也被稱為「手標牌」。我的初體驗是在 Terminal 21 的 LG 樓層賣場，當時驚豔這款奶茶的好滋味，立刻成為該品牌忠實粉絲，幾乎天天跑來買。

　　服務人員用滾燙熱水泡茶，再直接倒入裝滿冰塊的杯裡，最後不手軟地撒上白糖、淋奶水與煉乳，大功告成。店鋪除了賣現做現喝的茶飲外，也賣茶葉罐，依個人喜愛，又可分成沖泡茶包與茶葉。

　　為了能擴大銷售範圍與年輕化趨勢，手標牌近年來積極發展新的茶飲口味，像是女性喜愛的玫瑰奶茶、泰式奶茶冰淇淋等，其中引起話題的泰式奶茶冰淇淋，一上市立刻造成排隊旋風，讓這個老牌茶葉再度翻紅。我不免俗跟著品嘗看看，一支 45 泰銖，入口後茶味很濃，又融合牛奶香，口感清爽綿密，也成為旅人拍照的新焦點。

Data

⌂ 2,88 Sukhumvit 19, Sukhumvit Rd., North Klongtoei, Wattana, Bangkok（Terminal 21 店）
📞 +66-2-103-5999 ⏰ 10：00 ～ 22：00
🌐 www.chatramue.com.my/

Food Republic
宛如在紐約蘇活區時髦用餐

　　位於Siam Center4樓的「Food Republic」美食街，是一處氣氛舒服、帶有紐約SOHO區時髦感的用餐區，空間挑高、自然光從屋頂灑落，充滿設計感的圓形吊燈與設計，在這裡用餐感覺很有品味。販賣區與用餐區有別於其他百貨的擁擠感，每張桌子間距較寬，而且餐飲櫃位規畫整齊乾淨，對於用餐環境要求高的朋友們，這裡是很適合打牙祭的地點。

　　來「Food Republic」能吃到什麼呢？像大夥兒喜愛的平民美食，例如，海南雞飯、泰式炒飯、打拋豬肉飯、鐵板海鮮麵、泰式蚵仔煎都有賣，除了主食，也有多間咖啡與冰飲店，有得吃也有得喝。

　　「Food Republic」的用餐方式是先購買儲值卡，我通常會儲值300泰銖左右就能吃到飽足。美食區同樓層的周邊也有許多餐廳可選擇，像日本料理、韓式料理、下午茶餐廳都有，有興趣也能走走逛逛。

🏠 4 fl., 989 Rama 1 Rd., Pathumwan district, Bangkok
📞 +66-2-658-1000-19
🕐 10：00 ～ 22：00

Pier 21 Food Terminal

金門大橋下吃異國美食

　　Terminal 21 的 5 樓「Pier 21 Food Terminal」美食街，一旁就是巨大的金門大橋，以美國舊金山海港作為主題風格。這裡聚集許多不同國家風味的美食，人潮也匯集在此大快朵頤，況且價位平實，所以逛完街、肚子餓，來這找吃的準沒錯。

　　美食街有賣我最愛的泰式米粉湯、烤鴨、泰式咖哩飯等，至於飯後甜點與飲料就有芒果糯米飯、摩摩喳喳、水果冰沙等多種選擇，不必擔心吃不飽，至於消費方式是先購買卡片，用來消費扣點，用完餐再歸還卡片即可。如果你有更多時間，想找好一點的環境用餐，4 樓與 5 樓都有多家特色餐廳。

　　若愛吃泰式火鍋，可以去「MK Restaurant」，而「Yum Saap」主打泰國媽媽麵，「Baan Ying Cafe & Meal」則是販賣平價但厲害的蛋包飯。

　　除了百貨樓上，地下的 LG 樓層也記得來逛逛，在這裡可找到多樣化的點心鋪，像鯛魚燒、烤肉串、手標奶茶、閃電泡芙等，一旁還有超級市場，隨便吃吃也能填飽肚子。

🏠 5fl., 88 Sukhumvit 19, Sukhumvit 19 Rd., Wattana, Bangkok
📞 +66-2-108-0888
🕐 10：00 ～ 22：00

Food Hall

眾人搶位的人氣No.1美食街

　　若要說最人氣的百貨美食街當然以 Siam Paragon 的「Food Hall」排名第一，位於 GF 樓層的美食街，用餐區範圍很大，但人潮也是其他百貨的數倍；所以無論點餐、座位的擁擠程度都不在話下，但既然號稱是最大用餐區，當然就得來吃吃看囉！要進入「Food Hall」前需先購買儲值卡，我通常會先儲值 300 泰銖，吃不完再退掉，可以省很多麻煩。

　　這裡的小吃攤很多，規畫也相當整齊，像是最受我喜愛的泰式小吃攤，就能買到泰式炒粄條、泰式酸辣湯、米粉湯、泰式豬腳飯、泰式 BBQ 等，價格大多落在 100 泰銖左右，可以滿足愛吃泰式料理饕客的味蕾。

　　當然，除了泰國菜，這裡也賣許多異國料理，我就曾經因為找不到座位，最後跑去吃「丸龜製麵」，雖然也不錯吃，但就是感覺有點奇怪，所以建議不要在用餐時間來，否則將會遭遇眾人搶食、搶位的混亂情況。若吃飽喝足了，記得去一旁的超市 Gourmet market 逛逛，裡面的商品非常多，不怕買不到喜歡的東西，只不過價位比外頭高些，得謹慎挑選後再下手。

⌂ GF, 991 Rama 1 Rd., Pathumwan district, Bangkok
☏ +66-2-610-8000
🕐 10：00 ～ 22：00

Eathai

簡約古樸的泰式風情

⌂ 1031 Ploenchit Rd., Pathumwan district,
Bangkok

☎ +66-2-119-7777

🕐 10：00 ～ 22：00

　　「貴婦百貨」Central Embassy 的美食街「Eathai」也是我的心頭好，讓我留下多次愉快的用餐經驗，因為這裡除了美食，還有我更喜愛的空間設計與氛圍。位於地下樓的「Eathai」其實是美食區結合超市，旅人到此可吃可買，一網打盡。

　　首先需向「Eathai」櫃台領取消費卡，內部用餐空間與百貨風格一致，天花板和地板皆是乾淨簡約的調性，相當寬敞，並搭配古樸的木製桌椅。用餐區還會看見一輛泰國知名的嘟嘟車，許多消費者也喜歡跟這輛車合照；另一個用餐區的天花板以鳥籠來點綴，並與圓形設計座位上下相呼應，頗具巧思。至於牆面的泰國人物壁畫，也為空間增添濃濃泰式風情。

　　來這裡當然要祭祭五臟廟，美食攤販賣多樣化的餐飲，店家把餐點成品製成模型放在店前，也不怕點錯餐。我特愛這裡的海鮮炒麵、沙嗲串與打拋豬肉飯，甜點、冰飲也不賴，總會買顆椰子冰沙來消暑氣，這樣搭配最過癮！但吃飽了可別急著走，另一頭就是小型精緻超市區，裡面也有很多伴手禮可採購。除了地下樓「Eathai」外，百貨樓上還有多家風格餐廳。

　　在曼谷的美食地圖，除了知名的高檔餐廳外，對於旅人來說，親民的美食常是街頭巷尾的攤販小吃。我記得早期來到曼谷時，總被那攤販的烤肉香吸引，但心想這些食物被大刺刺的放在大太陽底下曬，一旁又是車水馬龍的灰塵飄揚，完全不符合我的衛生標準，但在某次朋友的強力推薦，我鼓足勇氣嘗試後，發覺這些食物好吃、便宜也沒什麼異狀，才正式開啟了我的曼谷街邊美食人生。

　　曼谷的街邊美食特色就是款式眾多、價格平實，第一種最常見的就屬「泰式米粉湯」，這類型攤販通常不小，老闆只要煮一把麵加上清湯及魚丸就上桌，然後任由客人隨性加辣椒粉。泰式米粉湯麵條Q彈、湯頭鮮甜，是旅人街邊首選。

　　第二種熱賣的街頭美食是「烤肉」，種類繁多的食材擺在攤位上（某些會放在冰櫃裡），最常見到香腸、熱狗、丸子串、雞肉串、雞肝等內臟，種類繁多，點選後，老闆立刻在火爐上炭烤，價格便宜，口味也挺不賴。

1.曼谷街邊小吃是生活也是文化。
2.泰式米粉湯。
3.街邊烤肉串。

第三種是「香蕉煎餅」，老闆會先在高溫鐵盤上放上餅皮，再放上新鮮香蕉塊，並塗抹厚厚奶油，完成後會在煎餅上淋巧克力醬，溫熱口感，又酥又香，巧克力醬也不膩，是一道必吃的特色甜點。

第四種是「街邊水果攤」，這種攤販到處都有，店家會把切好的水果擺放在透明的玻璃櫃裡，在炎熱天氣裡看著這些水果讓人很想吃，水果種類有西瓜、芒果、菠蘿蜜、芭樂等，購買後店家還會在水果上撒調味粉，增添水果甜度。

第五種是「飲料攤販」，這種攤販在街頭也不少，有些是專賣泰式奶茶，這種我最愛！看著店家泡著滾燙濃郁的茶，直接倒入冰塊，再加入多種奶水及大把白糖，喝起來茶濃奶香，難以抗拒的消暑妙方。此外，有些飲料攤販會擺著幾桶顏色超鮮豔的冰飲，從顏色外觀很難判斷是哪種飲品，這種飲料我仍未嘗試過，太鮮豔的顏色讓人有點害怕。

第六種是「芒果糯米」，在泰國也是傳統甜點，新鮮芒果片搭配椰奶糯米，第一次吃時有些不習慣，有種像吃水果飯的奇妙感覺，後來就漸漸愛上這種衝突的滋味。以上所說的街頭攤販，只是曼谷眾多攤販裡的一小部分，但都是頗具代表性的美食攤販，想多了解曼谷日常，這幾樣記得都去嘗試看看！

4.香蕉煎餅是必吃點心。　5.街頭常會看見水果攤。　6.色彩鮮豔的冰飲很受歡迎。

泰式享樂.

玩樂第一，放鬆至上

有許多朋友愛上曼谷的原因不是逛街吃美食，而是這裡
傳統的泰式按摩，甚至天天去按摩店報到。友人們覺得
曼谷的按摩師不僅技術專業，價錢更是超便宜，所以到
曼谷最必須做的就是按摩。除了天天按摩，來到曼谷
記得去看場令人血脈賁張的泰拳秀，或到廚藝學
校去學做幾道泰國菜，都會讓這趟曼谷之旅
更加精采。

（泰國觀光局）

泰拳秀
拳拳到肉的精采表演

　　泰國有許多令人印象深刻的傳統表演，其中泰拳就是一項令人血脈賁張的傳統藝術。觀眾可近距離欣賞泰拳選手們穿著布短褲，露出結實上身肌肉，速度飛快的以拳頭及膝蓋、腿部攻擊對手，滿足了看打鬥比賽的欲望。泰拳的泰語為「Muay」，意指八肢的藝術。

　　選手在對打時汗水噴發，格鬥動作也讓觀眾眼花撩亂，讓人感受到拳腳扎實的力道，如果有時間，建議可欣賞一場泰拳表演。而想欣賞泰拳，推薦前往Lumpinee隆披尼國家拳擊場，這是一家在曼谷當地頗具知名度的拳擊館。在館內，觀眾可近距離欣賞到選手如何任意使用拳、腿、膝、肘攻擊對手，藉由選手們相互攻擊時揮灑的大量汗水及喊叫聲，享受一場泰國獨有，充滿刺激與快感的精彩比賽。

Data **Lumpinee 隆披尼國家拳擊場**
⌂ 6 Ram Inthra Rd, Anusawari, Bang Khen, Bangkok, 10220 ✆ +66-80-045-9541
🕐 星期五 19：30 ～ 23：30；星期六 10：00 ～ 12：00，17：30 ～ 18：00
💲 可先在旅遊購票網 klook 購票，因座位區差異，票價從 700 泰銖～ 1300 泰銖皆有
🌐 www.muaythaistadium.com/lumpinee-stadium
🚇 搭乘 BTS 在 Sala Daeng 站下車，步行至拳擊場需要 15 分鐘。

泰菜課程
在泰國學道地泰菜

　　近年來到曼谷學做泰國菜蔚為風潮，也成為旅人熱愛的新體驗，一般料理課程為4小時，老師會教授4道經典的自製泰國料理；課程從前往當地市場挑選食材開始，還得搞懂琳瑯滿目的泰式調味醬，其實光是親臨當地市場，體驗民眾的日常這點就非常有趣，讓整個課程豐富不單調。

　　此外，與來自不同國家的學員一起做料理，又是另一種新樂趣，學員七手八腳在老師的帶領下，在廚房開心烹煮食材，一步步完成美味的泰式料理，絕對會有成就感。至於做出來的泰味料理，有我們熟悉的咖

泰國觀光局）

哩雞、涼拌木瓜絲、蝦餅……，多道美味泰菜
出爐，大夥一起分享品嘗，非常值得紀念。

　　雖然料理課程採用英語教學，可能會造成
某些旅人的恐懼，但其實不用太擔心，因為老
師都是慢慢講、仔細教，所以絕不會聽不懂而
手忙腳亂，況且來這裡學做泰國菜不需要具備
烹飪經驗，泰國老師也明白，這些來自遠方的
學員們，只是把學做泰國菜當作旅行的一部分，
所以不會太嚴格，好玩有趣又能學到東西，才
是這堂課的最大目的。

　　目前在曼谷能夠學做泰國料理的學校不
少，其中比較受歡迎的有Baipai Thai Cooking
School、Sompong Thai Cooking School、Blue
Elephant Cooking School……，都提供不錯的課
程等待旅人來體驗做菜的樂趣。

（泰國觀光局）

（泰國觀光局）

Data　**曼谷藍象餐廳（Blue Elephant）**
⌂ BTS station, 233 S Sathon Rd, Yan Nawa Sathon, Surasak, Bangkok, 10120
☏ +66-2-673-9353 🌐 https://blueelephant.com/restaurant/bangkok/
🚌 搭乘BTS於Surasak站下車，步行約3分鐘可抵達

Sompong Thai Cooking School
⌂ 31/11 Silom Soi 13，Silom Rd., Bangrak Bangkok
☏ +66-2-233-2128 🕐 上午9：30或下午15：00，長度4小時 💲約1,000泰銖
🌐 www.sompongthaicookingschool.com/
🚌 搭乘BTS於Chong Nonsi站下車，學校有提供接駁服務，只要約定時間在3號出
口等候即可

（泰國觀光局）

Health Land
逛街後的最佳充電

　　「Health Land」是泰國知名的連鎖按摩店，由於按摩技術不錯加上平實價格，在當地頗具知名度，而許多台灣旅人前往曼谷旅遊時，也都會抽空來「Health Land」抓一抓。目前在泰國有10家分店，在曼谷最夯的就是 Asok 與 Ekkamai，度假勝地芭達雅也有，「Health Land」共同特色就是建築外觀頗具氣勢，不同於一般街頭那種小店面，它曾被 CNN 評選為世界上15個最快樂的地方之一，可見這裡的好功夫，會讓人快樂似神仙。

　　我去的是芭達雅的「Health Land」，首先會看見門口巨大看板，入內後為寬敞舒適的接待大廳，許多旅人正在沙發等待，空氣中飄散著淡雅的精油香氣；大廳也販賣自家多款精油，供旅人選購。需要提醒的是，曼谷的「Health Land」相當火紅，若沒事先預約，得在現場長時間等候。

　　等待時，服務人員會先詢問顧客需要的服務，而這裡的按摩項目不

Data
⌂ 96/1 Soi Sukhumvit 63, Sukhumvit Rd., Watthana, Bangkok (Ekkamai店)
☎ +66-2-392-2233 ⏰ 09：00～11：00 🌐 www.healthlandspa.com/
🚇 搭乘 BTS 於 Ekkamai站 1 號出口，再在 Sukhumvit 63 巷轉搭計程車

複雜，按摩內容、時間與價格，全清楚寫在服務櫃台旁。泰式按摩 2 小時約 600 泰銖，若想嘗試特殊方式，建議可選擇泰式按摩加上草藥按摩來場雙重享受。接著走到樓下按摩區，換上拖鞋後進入按摩房，按摩房簡單乾淨，地板上放著兩張床墊鋪。

　　按摩師先做 1 個小時的泰式按摩，從腳底開始按壓，依序到雙腿、手部、手臂、背部、肩頸等，有時甚至會因為太舒服而睡著。緊接著按摩師從蒸鍋中取出按摩泰式草藥包，冒著煙的泰式草藥包，帶股濃濃藥草香，放在背部穴位，起初背部感覺有點燙，但很快就覺得舒服，草藥按摩療程也是 1 小時，做完整套按摩後，會覺得壓力全飛、通體舒暢，又有更多的體力可繼續逛街去。

臥佛寺傳統按摩學校
Wat Pho Massage School
曼谷的按摩師都來自這裡

　　「臥佛寺傳統按摩學校」（Wat Pho Massage School）算是曼谷按摩經典中的經典，怎能錯過？曼谷許多知名按摩店的按摩師都來自於這裡，想感受最厲害的泰式按摩功力，來這裡就對了，肯定能打通任督二脈。於1995年開幕的「臥佛寺傳統按摩學校」位於臥佛寺（Wat Pho）內，想嘗試這裡的按摩，必須先購票才能入內，所以建議先逛逛臥佛寺，再過去按摩，是個聰明的選擇。

　　這座按摩學校的建築外觀傳統復古，也跟臥佛寺裡的寺廟融合一體，若沒仔細看，挺難發現它的蹤影。不過這裡的按摩環境，就無法跟其他家風格典雅的按摩館相比，店裡講究的是古法泰式按摩教學，手法一流、扎實力道的按摩技巧。

　　「臥佛寺傳統按摩學校」也從事按摩教學工作，一般人可來此學習按摩課程，課程約30～60小時（費用5,000泰銖起）。現場還販賣據說很厲害的青草藥膏，不妨買一瓶回家試試。

Data

⌂ 2 Sanam Chai Rd, Phra Borom Maha Ratchawang, Phra Nakhon, Bangkok, 10200
☎ +66-86-563-6255 ⊙ 08：00～18：00 ⊕ www.watpomassage.com/EN/home
🚇 搭乘BTS於Saphan Taksin站下車，轉搭交通船至N8碼頭Tha Tien走過去約10分鐘

（泰國觀光局）

（泰國觀光局）

曼谷 ⑤ 大按摩種類

④ 熱石按摩

頗受女性顧客喜愛的按摩方式,原理跟藥草包的按摩方式雷同,按摩師會先用精油以指壓方式按摩全身;第二段是將橢圓形玄武石加熱後,放置身體肩頸腰背等部位,據說能排淋巴毒、促進身體循環的神奇效果。

① 傳統泰式按摩

大眾最熟悉的泰式按摩方式,有人說這是種「身體被折來折去」的按摩方式,從腳底、雙腿、手掌、一路按壓到背部及肩頸,是最大眾化的按摩方式。

② 精油按摩

頗受歡迎的一種按摩方式,在身體塗上芬芳精油後,由按摩師以雙手按壓身體穴位,按壓方式跟傳統泰式按摩差不多,但因精油滲入肌膚,藉由精油滑順感更能有效紓解身體壓力,價位會比傳統泰式高。

⑤ 腳底按摩

這是最普遍也受歡迎的按摩方式,不僅方便且價格便宜,按摩師會先幫顧客洗腳後,透過刺激腳底穴道的按壓,就能知道身體哪個地方不舒服,雖然剛開始會有點疼痛,但按摩雙腳後,會覺得走路變輕鬆。

③ 泰式藥草按摩

這種按摩方式在台灣較罕見,按摩師將多種中藥材先包進一個圓桶布包,再放入蒸鍋,以蒸氣方式蒸熱,接著再取出藥包放在顧客的背部等身體穴位處,也能使用藥包搥打,藉由布包藥效來紓解腰痠背痛最有效。

遊船風光.

在昭披耶河上賞歷史遺跡

在曼谷，最重要的河川為昭披耶河（Chao Phraya River），
自從 1782 年國王拉瑪一世把泰國首都從原本西岸的吞武
里（Thonburi）搬到河東岸的曼谷，這條河川就成為整
座城市的動脈。昔日為主要交通的船運，或許在今日不
是那麼重要，但仍是多數曼谷市民交通往返的主要工具，
河岸兩旁則有許多重要歷史遺跡，是來到曼谷旅行絕不
能錯過的景致。

Data

⌂ 158 Wang Doem Rd., Wat Arun, Bangkok ☏ +66-2-891-2185 ⏰ 08：00 ～ 18：00 $ 100 泰銖 ⊕ 搭飛 BTS 前往 Saphan Taksin 站轉交通船 (S5) 站 Tha Tian，再到左邊搭船到對岸 Sathornpier (Central) 碼頭

鄭王廟

Wat Arun

昭披耶河上的必拍美景

　　搭乘昭披耶河遊船時，從遠處就能見到鄭王廟（Wat Arun）壯麗的古樸建築，又名為「黎明寺」或「破曉寺」的鄭王廟歷史悠久，雖然建造年代已不可考，據聞是鄭王驅逐緬甸軍隊後見到莊嚴的寺廟，當他登基為王後就下令修建佛寺，可惜鄭王王朝僅短短 55 年頭便終了，之後該寺直到拉瑪三世才繼續修建工程，並於 1847 年興建完畢，才有目前的鄭王廟。

　　鄭王廟中央尖塔塔高 67 公尺，周圍還有 4 座方形塔，遠看鄭王廟為白色底的建築，但其實近看可發現塔上貼有色彩斑斕的磁磚，可見當時完工時的華麗風格。塔中央有座因陀羅騎著三頭神象的雕像，整座佛塔充滿著泰國民間信仰與藝術，夕陽西下時，鄭王廟倒映在昭披耶河的河面上，堪稱是必拍美景之一。

大皇宮
Grand Palace
一睹泰國皇室風采

　　金碧輝煌是大皇宮（Grand Palace）給人的第一印象。興建於1783年的大皇宮，是由拉瑪一世親手策畫，完全仿照古城艾尤塔雅（即Ayutthaya）的皇宮建造。這裡曾是暹羅王國的宮殿，直到拉瑪八世駕崩後，九世泰皇蒲美蓬搬至遲塔拉達宮（Chitralada Palace）居住，今日泰皇已不住在大皇宮裡。

　　大皇宮主要開放給旅人參觀，成為曼谷必遊行程，想深度了解這座城市文化，其重要意義不可或缺；基於泰國人對於皇宮的尊重，記得身穿素色衣服，以及長褲或過膝的裙子，以虔誠心情造訪。占地218,400平方公尺的大皇宮，四周環繞1,900公尺圍牆，皇宮外就是有防禦用途的運河。

皇宮內有幾個必須參觀的重要建築物，首先是節基皇殿（Chakri Maha Prasat Hall），這是拉瑪五世於1876年建造，三層樓的宮殿屬於英國維多利亞女皇時期的建築風格，但建築頂端為泰國文化特色，輝煌卻典雅，目前為存放歷代國王靈骨的位置；建築中層為國王接待外國賓客之處，最下層是兵器博物館。

　　另一個參觀重點為兜率皇殿（Dusit Maha Prasat Hall），外觀是泰國傳統風格建築，宮殿呈十字形，中間為尖塔，左右對稱的墨綠色4層屋簷，屋簷尖角向上勾起展現奔放美感；從側面欣賞屋簷設計，可發現精緻的手工立體壁畫，在拉瑪一世時還指派工匠利用貝殼嵌入，成為眼前這座值得細細欣賞的建築藝術品，而兜率皇殿目前為國王、王后等重要人物舉行喪禮或重要儀式之地。此外，武隆碧曼宮（Boromphiman Hall）與摩天宮殿（Phra Maha Monthian）也位於大皇宮內，值得放慢腳步，細細品味專屬於泰國的皇室風采。

Data

⌂ Na Phra Lan Rd., Phra Nakhon, Bangkok　☎ +66-2-623-5500

⏰ 08：30～15：30　＄ 500泰銖（可一併欣賞玉佛寺）　🌐 www.royalgrandpalace.th/en/home

🚇 搭乘BTS在Saphan Taksin站下車，轉搭遊船到N8號（Tha Tien）碼頭下船，步行約10分鐘

玉佛寺
Wat Phra Kaeo
展露金色光芒的代表性寺廟

　　位於 Grand Palace 旁的玉佛寺（Wat Phra Kaeo），是泰國皇室舉行宗教儀式的地點，也是拉瑪一世在建造大皇宮時一同建造的，於 1784 年迎請玉佛到寺廟裡供奉，之後每任國王皆會為玉佛更衣以祈求國泰民安。走到玉佛寺門口，映入眼簾的是兩尊巨大的夜叉王威嚴護著，進入佛寺後先見到金光閃閃的「錫蘭式金色舍利佛塔」，完美流暢的線條，令人興起了敬仰之心；另一座造型繁複優美的「藏經閣」，也非常吸睛，由金碧輝煌的高挑石柱所撐起的建築物，從各個角度都能欣賞到不同精緻面貌，外牆則貼滿金色馬賽克磚，雄偉氣勢在陽光照射下，展現泰式藝術的光芒。

　　「碧隆天神殿」旁的兩座金塔也是人氣拍照點，這是拉瑪一世為了紀念雙親所建造，金色雙塔由多位不同且穿著華麗玻璃裝飾的夜叉王托著高塔，象徵對寶塔的守護。而玉佛寺裡最重要的大雄寶殿供奉著高約 65公分的玉佛，這尊玉佛是以一整塊翡翠所雕琢，佛前的兩尊佛像則代表一世皇與二世皇，一片金光閃閃，殿內也有講述泰國歷史的優美壁畫，來到大雄寶殿外，則有許多信眾持香祈求玉佛的保佑。

臥佛寺
Wat Pho
古老寺廟裡的巨大臥佛

　　全曼谷最古老的寺廟就是臥佛寺（Wat Pho），又稱菩提寺，是曼谷的必訪景點。古老的臥佛寺一直深受泰國歷代國王喜愛，始建於1788年，至今擁有二百三十多年歷史；從1793年起拉瑪一世到四世都曾整修過，並加蓋了佛塔及臥佛殿，才有現在又大又完整的寺廟風貌。

　　此外，它還是泰國最早大學、醫學與按摩的學習地點，因此這座寺廟蘊含著與其他寺廟不同的意義，涵蓋了佛學、信仰、建築、歷史、醫學等內涵，意義非凡。

　　來到臥佛寺的交通不複雜，下了交通船後，會先遇到一個傳統市場，市集裡賣著魚貨、蔬菜、肉類乾貨等，順便見識一下當地傳統市場的風光也不賴，穿越市場後就會見到綿延不絕的白色高牆，還沒走入寺廟前，我繞著白色高牆緩緩步行，心情卻有點忐忑，因為知道寺廟裡有尊自己期待已久的巨大臥佛正在等待著我。

　　寺廟前佇立著帶點中國風的兩尊石像，是手持兵器的守護神，入寺廟前得先購票，由於這裡是熱門觀光景點，票價可是年年看漲，購票入內後還可兌換一瓶冰礦泉水，悶熱的天氣裡還頗為實用。一走進寺廟，映入眼簾是多座尖形佛塔，在這座寺裡共有99座同類型的尖塔，每座都是經由工匠雕花並貼上彩色磁磚，華麗繁複的工藝設計，營造出濃濃泰式風情。

　　其中最醒目的是4座高41公尺的摩訶佛塔，威嚴高聳的氣勢，令人不禁駐足欣賞，也遇見多位僧人身著橘色袈裟神色自若的在寺裡步行。穿過244座金佛的神聖迴廊後，來到最重要的「臥佛殿」，入佛寺前請自行將鞋子放入袋子，裡面雖擠滿旅人，但從高挑華麗的石柱旁，我已先從臥佛足底看到這尊巨大金佛的全貌，這尊金光閃耀的臥佛長46公尺、高15公尺，神像以石頭製作再貼上金箔與寶石，佛像面部表情溫和且略帶微笑眼向下望，手托著頭並躺在枕頭上，斜躺姿態相當自在。

想要拍攝整尊金色臥佛，最好的角度仍是從祂的巨大腳底取景，而在祂的腳底可見到以貝殼鑲嵌而成的108幅吉祥圖案，高超工藝令人讚嘆。在被金佛震攝之際，耳際不斷傳來叮叮咚咚清脆聲響，原來是為了讓旅人祈福，走道邊擺著108個僧缽，旅人得將銅錢依序放入祈願；欣賞完臥佛別急著走出來，牆上的佛教故事壁畫也是一大重點，緩緩看著這些歷史古蹟，感受迷人的歷史氣息。

臥佛寺之所以具有那麼多歷史意義，泰皇拉瑪一世可是功不可沒，因為他從大城遺址裡找到了高達1,200座的雕像，就將尋回的689座雕像放在臥佛寺裡，所以當我漫步在寺廟裡，就會看到一尊尊風格迥異卻都很莊嚴的佛像；我想想將每一尊佛拍攝留存，卻似乎永遠拍不完，也頻頻讚嘆臥佛寺裡寶藏的莊嚴。

比較需要注意的一點是，由於臥佛寺是泰國著名的景點，許多不肖人士會在此欺騙旅人，他們會主動向旅人攀談，不是說距離很遠需要搭車；就是騙說寺廟關門，可前往其他景點參觀。當他們這樣告訴我時，我當下就拒絕走人，這是首次前往臥佛寺的朋友們需要特別注意的事項。

Data

⌂ 2 Sananchai Rd., Bangkok ✆ +66-83-057-7100 ◷ 08：00～16：30 $ 100泰銖 ⊕ www.watpho.com/ 🚇 搭乘BTS於Saphan Taksin站下車，搭乘交通船於在N8碼頭Tha Tien沿走過去約8分鐘

水門寺金色大佛
Wat PakNam Phasi Charoen
肅穆莊嚴的曼谷最高大佛

　　曼谷是佛教國家，旅行途中會發現不少寺廟也會看見許多金佛！但位於水門寺 Wat Paknam 旁的全新金佛規模實在太巨大，在陽光照耀下，發出令人震撼的金色光芒。搭乘 MRT 步行需要一段時間，並穿過一些巷弄及小橋，也讓這趟旅行多了些尋寶的樂趣。

　　這尊名為 Dhammakaya Thep Mongkol 的金色大佛高 69 公尺，座寬 40 公尺，總重量約 741 噸，佛像以純銅與 6 公斤黃金鑄造而成。為了建造這尊金佛，寺廟從 2017 年 3 月開始動工，直到 2021 年 6 月 19 日中完工；佛像以俯視眾生的神情及打坐姿勢，成為曼谷最高大佛。由於金佛相當巨大，所以除了直接來到金佛前拍照外，另可搭船從運河欣賞大佛全貌，在夕陽下又能拍到金佛的另種樣貌。

Data

🏠 300 Ratchamongkhon Road, Pak Klong Phasi Charoen Subdistrict, Phasi Charoen District, Bangkok ☎ +66-2-467-0811 🕐 08：00～18：00 💲 免費 🚇 搭乘 MRT 到 BL33 的 Bang Phi 站，從 1 號出口步行約 15 分鐘抵達。由於距離較遠，也能搭乘嘟嘟車或 Grab 前往

　　除了必需拍攝的巨大金佛外，另推薦一旁的白色琉璃佛塔，頂樓就是知名的綠色琉璃佛塔 Wat Loka Moli。這座佛塔內十分精彩，收藏了大量的佛教文物，著實是座佛教博物館。

　　從入口處即可見到金光閃閃的佛教藝術雕刻，展現出華麗莊嚴的風格。一樓另展示古董車、泰國牛車、水門寺畫作、皇室珍藏的物件。位於二樓的區域是展示不同朝代的佛像、佛教聖物、珍貴佛具，另有一些高僧大德的雕塑，全都整齊擺放在櫃子裡。該樓層的天花板及柱子以細膩精緻的雕刻來呈現出雄偉莊嚴的佛教風格。位於第五層樓的綠色琉璃佛塔，相當壯觀，實在美得令人讚嘆！

　　綠色琉璃佛塔被四根雕工精緻的金色柱子所包圍，圓弧形的天花板上更是繪製了美輪美奐的佛像，每尊佛像背後更繪製了風格各異的菩提樹。樹梢上有著鳳凰飛舞，圓頂中央處更是以燦爛星斗來展現無垠的浩瀚宇宙，一路在眼前無盡延伸的美。綠色琉璃佛塔旁則有綠色琉璃蓮花瓣襯托，散發出一種神秘又夢幻的美感，這樣金碧輝煌的畫面，直到今日仍在腦海中盤旋揮之不去。

河濱夜市
Asiatique
The Riverfront
摩天輪下的魔幻時刻

　　位於昭披耶河岸邊的河濱夜市（Asiatique The Riverfront），是近幾年曼谷超夯的夜市。2012年開幕至今人氣未減，因為這個夜市位於河畔，逛起來的感覺與其他夜市大大不同。要來到這個河岸夜市，首先必須搭乘BTS於Saphan Taksin站下車後，直接走到夜市免費接駁船Asiatique Shuttle Boat乘船處，開船時間是從下午4點到晚上8點，每15分鐘一班（最後一班為夜間23：15），雖然等待乘船的人很多，但很快就能搭上船。

　　我喜歡選在黃昏時刻前往河濱夜市，那時就能欣賞黃昏時的水岸風光，金色光芒灑滿河面上，波光粼粼的美景是逛夜市前最無價的享受。船行時間約末15～20分鐘就會抵達，還未上岸就會先看到巨大摩天輪，碼頭邊還有許多值得拍照的地點，經過特別規畫的觀光夜市風貌，不同於其他夜市的雜亂景象。我走到岸邊看著夜市地圖導覽，從地圖上可看到商店及餐廳位置，東看西看後發現占地果然不小，河濱

夜市共可分成CHAROENKRUNG、TOWN SQUARE、
FACTORY、WATERFRONT DISTRICT 四大區塊，再以
倉庫概念分為10個倉庫，規畫完善、戶外空間寬敞，是
一個有買有吃有玩、能放鬆心情閒晃一整個午後到夜晚
時光的好地點。

　　河濱夜市充滿文青氣息，除了建築挺美，餐廳也頗
具設計感，即使肚子還不餓，但每一間餐廳都讓人好奇、
想一探究竟，走著走著風格漸變，更有種來到日本商場
的錯覺。

　　閒逛時我發現一間在泰國當地很有名的食品「Koh-
Kae 大哥花生豆」專賣店，門口有幾款大哥人形雕像，造
型可愛討喜，專賣店除了販賣招牌花生豆，也賣些周邊
商品，有興趣的人不妨來挑選。

　　此外，著名的「茱麗葉之家」也在商場內，掛上大量
鎖頭的布置，寫上戀人絮語，吸引不少情侶來此許下山
盟海誓。

　　商場賣的東西也是五花八門，從大家熟悉的曼谷包、
手工香皂、設計娃娃、首飾配件、潮流服飾、3C玩具、
漫畫版人像畫，還有小魚吃腳皮的小店等，幾乎想買的
東西這裡都有賣，逛起來不擁擠相當舒服，還有許多令
人驚豔忍不住想拍照的角落；但我也觀察到，或許是店
家要負擔較高租金，大部分商品價格都比外頭貴了些，
購買時得精打細算，好好比價一番再下手。

　　這裡的餐廳也不少，有規畫平價的美食街區域，賣
些當地流行的泰式風味料理、海南雞飯、米粉湯、甜點
等料理，不用擔心逛累了會餓到難以覓食；若喜歡精緻
路線，夜裡有多家獨具風格的異國料理餐廳，有多餘的
空檔不妨吃頓飯、喝杯啤酒，享受沁涼的午夜。

　　最後我繞到夜市最外邊的遊戲區域，有巨大摩天輪，
也有林林總總的遊樂設施，當然，最吸引旅人的仍是可
欣賞美景的摩天輪，搭乘時除了欣賞蜿蜒河流，更是從

制高點欣賞閃閃動人的「河濱夜市」最迷人的角度。由於前往夜市的人潮絡繹不絕，而且愈晚愈擁擠，建議早去早回，除了能欣賞美麗的夕陽，還不會出現回程排隊等候上船的窘境。

Data

🏠 Charoenkrung Soi 72-76, Charoenkrung Road, Wat Phrayakrai, Bangkok
📞 +66-2-059-5999 🕐 16：00 ～ 00：00 🌐 www.asiatiquethailand.com/
🚗 搭乘BTS於Saphan Taksin站下車後於2號出口轉搭免費接駁船（搭乘時間16：00 ～ 23：30）

昭披耶河公主號
Chao Phraya Cruise
有美食音樂相伴的水上之夜

　　這是一個來曼谷旅遊很特殊的體驗，就是搭乘「昭披耶河公主號」（Chaophraya Cruise）在夜晚優遊於泰國最重要的運河上，除了飽覽河岸風光，船上的自助餐與趣味活動也為這趟遊船之旅增添難忘回憶。乘船處為 ICONSIAM 碼頭，我想既然要遊河，就提早搭船前來，有更多時間可拍照閒逛，由於我已經先從網路購票，所以在指定地點取票後，胸口就會被貼上一張貼紙。

　　等待搭船的過程中，因夜遊昭披耶河的活動有多家船公司經營，所以人潮也愈來愈多，碼頭也漸漸被塞爆，在喧鬧的人群裡，我終於見到三艘白色長形船隻駛來，靠岸停泊在碼頭後，船上開始播放動感音樂，此時三艘船上穿著制服的服務人員也開始跳起舞來，整齊劃一的舞蹈動作吸引顧客猛按相機快門。時間來到晚間 7 點半，船隻打開船艙門開始迎接賓客登船，座位區分成上下兩層，上層沒冷氣但方便看夜景，下層位子涼爽但視野不夠好，最後我挑選了方便欣賞夜景的上層船艙，找到自己的用餐位置後，開始今晚的美食遊船之旅。

　　船艙中央擺滿自助餐料理，從沙拉吧、多樣海鮮、牛排、烤雞、義大利麵、水果等，還有我喜歡的涼拌木瓜絲，菜色算是豐富，飢腸轆轆

的旅人們卯起來忙著夾取食物，跟優雅實在很難劃上等號。伴隨著音樂聲，船隻緩緩前行，路線會先經過美麗的大皇宮，抵達拉瑪八世吊橋後迴轉，再經過龍舟博物館、瓦拉康寺、鄭王廟、希爾頓酒店、半島酒店、河濱夜市等，一路上曼谷的美麗夜景不斷被送進眼底，我的嘴裡也不停在咀嚼食物。

　　在船上我感受到曼谷當地人精彩的夜生活，搭配現場演奏，讓昭披耶河上的夜晚無比熱鬧，原以為晚上的昭披耶河很平靜，但其實不然，許多船隻行駛河上，繽紛搶眼的燈光夾帶著音樂，讓曼谷的河岸愈晚愈熱情，反倒是河岸兩旁的五星級飯店安靜的在夜色中沉睡。

　　航程中經過許多飯店與廟宇都因打上投射燈，在夜裡顯現出獨特氣氛，與白天看來很不同，最後船隻行駛到拉瑪八世吊橋繞回頭，但顯然欣賞風景的人少，因為飽餐後船上開始唱歌跳舞的餘興節目，顧客開心地在船頭熱情跳舞，主持人還會演唱各國名曲，耳邊突然傳來〈月亮代表我的心〉這首歌，且聲音不斷向我靠近，想不到是歌手拿著麥克風要我跟她合唱，我心想反正沒人認識，也大膽一展歌喉，可惜沒有開嗓、唱腔平平，但也為遊船之旅增添不少樂趣。船行大約 2 個小時，船隻再度駛回原本出發的碼頭，也讓我度過了一個挺有趣的曼谷水上之夜。

Data
⌂ Soi Charoenkrung 24, Samphanthawong, Bangkok
☎ +66-2-541-5599 ⏰ 19：00 ～ 21：00 $ 1,500 泰銖（建議向 Klook 前購，約 900 泰銖） ⊕ chaophrayacruise.com
🚇 搭乘 BTS 至 Saphan Taksin 站，前往 Sathorn Pier 碼頭轉乘免費接駁船至 ICONSIAM 碼頭

昭披耶河上碼頭的熱門景點

　　許多人可能擔心搭船麻煩，但其實曼谷旅人眾多，因此搭船旅行也愈來愈簡單。首先，搭乘BTS至Saphan Taksin站下車（也可選搭計程車），從2號出口旁沿著有屋簷的走廊步行約5分鐘，會看見中央碼頭（Sathorn Pier）。

　　在昭披耶河上一共有38個碼頭站，以中央碼頭為起點，船行方向可分為向北（N）N1～N33與向南（S）S1～S4，每個碼頭都有名字，若看不懂泰文可記住碼頭代號，上下船就不會出錯。經營昭披耶河航運的公司Chao Phraya Express Boat，旗下共有5款（無旗幟、綠旗、黃旗、橘旗、藍旗）船隻運行，而5艘不同顏色的船隻都會行經中央碼頭，因此搭乘前先看船隻航行圖（Boat Route），就能明瞭要搭乘哪一班船抵達目的。來到小小的圓形購票亭（Chao Phraya Express Boat），只需告訴票務人員要搭到哪裡（票價從10～32泰銖），會依照距離收費。

　　其中的藍旗船為主要觀光船（一趟為30泰銖、一日券為150泰銖），行經的8個碼頭是多數旅人最愛造訪的景點；每天行駛時間上午9點半到下午4點，每30分鐘一班，船上搭配英語解說員，還可無限次搭乘，建議多加使用。這類型的船隻空間算寬敞，椅子也好坐，航行過程也不會太顛簸導致暈船，可說相當舒適，但若想拍攝風景，建議至船頭或船

沿途停靠站

N1（Oriental）	文華東方酒店。
N3（Si Phraya）	河城購物中心（River City），是一棟4層樓高的複合式購物中心，裡頭有東南亞最大的古董藝品中心。
N5（Rajchawongse）	距離中國城最近的碼頭。
N8（Tha Tien）	臥佛寺在此站下船，穿過市場就能抵達；河岸對面是鄭王廟，需在此站下船換搭每10分鐘一班的渡輪到對岸。
N ★（Maharaj）	如果要搭乘觀光船，這站是前往大皇宮和玉佛寺的主要碼頭。
N9（Tha Chang）	一般船隻要前往大皇宮或玉佛寺、國家博物館（National Museum）前需在此站下船。
N10（Wang Lang）	死亡博物館（Siriraj Medical Museum），會展出人體標本，端看個人勇氣前往參觀。
N13（Phra Arthit）	背包客的天堂——考山路請於這站下船。
N14（Rama 8 Bridge）	此站可欣賞壯麗的拉瑪八世大橋，一旁即是知名的河岸餐廳（Khinlom Chomsaphan）。
N15（Thewej）	附近有杜喜動物園（Dusit Zoo）、拉瑪五世雕像等景點。

尾，才能拍到最精采的河岸風光。目前昭披耶河提供免費接駁船，路線一：Sathorn Pier往返ICONSIAM（09：00 ～ 23：00）；路線二：Si Phraya Ferry Pier往返ICONSIAM（09：00 ～ 23：00）；路線三：Sathorn Pier往返河濱夜市（16：00 ～ 23：00）。

⌂ 1/11 Maharai Rd., Phranakon, Bangkok
☏ 交通船 +66-2-445-8888、觀光船 +66-2-024-1342
⏲ 週一至週五06：00 ～ 20：00；週六、週日和國定假日
　 06：00 ～ 19：00
🌐 www.chaophrayaexpressboat.com

走，
去曼谷郊區！

Let's go to the SUBURBS of Bangkok!

CHAPTER 5

除了市區的繁華熱鬧，不算長的路程，更深度的旅遊，
體驗最在地的泰國文化，感受濃厚的宗教風情。
在郊區內擁抱真正的曼谷！

一日遊行程推薦

台灣有多家旅行社近年推出曼谷市區到郊區的一日遊行程，如果想不到要去哪裡，不妨考慮以這種方式玩遍大城、華欣、七岩等地，體驗不一樣的旅程。

大城一日遊 $ 每人約 1,400 泰銖

莞芭茵夏宮
Bang Pa-In Royal Palace

搭船遊大城水上市場
Ayutthaya Floating Market

瑪哈泰寺
Wat Maha That

大城臥佛
Wat Lokaya Sutha

華欣七岩一日遊 $ 每人約 1,800 泰銖

拷汪宮
Phra Nakhon Khiri Palace

拷龍穴
Tham Khao Luang

水上市場一日遊 $ 每人約 1,200 泰銖

丹嫩莎朵水上市場
Damnoen Saduak Floating Market

天主聖堂
The Nativity of Our Lady,
Cathedral Bangkok Khuek

泰式甜點博物館

傳統交通工具體驗 → 泰式傳統服裝體驗 → 大城黃昏市集
Ayutthaya Night Market → 夜遊大城古蹟

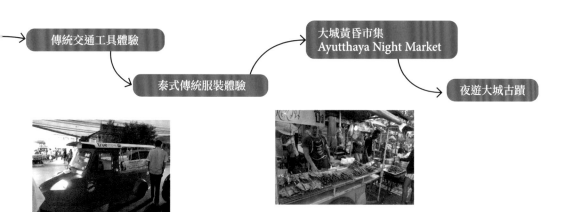

愛與希望之宮
Mrigadayavan Palace → 小瑞士牧場
Swiss Sheep Farm → 華欣火車站
Hua Hin Railway Station

拉瑪二世紀念公園
Rama II Park → 船遊美功河
Mae Klong River → 美功鐵道市場
Maeklong Railway Market

一日遊旅行社推薦

🌐 台灣姊妹花：www.vaciosuite.com/

🌐 Kkday：www.kkday.com/

🌐 Klook：www.klook.com

🌐 走跳旅遊：www.goplaytravel.com.tw/

逛街購物.

體驗最道地的市集風情

曼谷的各類市集可謂是當地著名特色，許多旅人皆慕名而來。除了有跟台灣一樣的夜市文化之外，這裡還有不容錯過的水上市集、鐵道市集。可以享受搭著木製小船，緩慢划行在各船家之間，近距離與船家互動，也可以踩在鐵軌上逛市集，在火車警鈴響起時，欣賞攤販不慌不忙地收拾攤子，讓火車緩慢通過的奇妙景色。

（泰國觀光局）

（泰國觀光局）

安帕瓦水上市場
Amphawa Floating Market
優閒的在地人市場

　　「安帕瓦水上市場」（Amphawa Floating Market）是曼谷知名度較高的水上市場，在河岸高腳上有著許多店家。由於該市場的主要客群是當地人，所以相對較不擁擠。營業時間是每週五、六、日，平日來會撲空，建議想來「安帕瓦水上市場」以週末為主，營業時間為上午10點到晚上8點。

　　這裡因旅人少，商品價格自然便宜許多，仔細探索這些以木頭建造的陸上店鋪，會發現不少驚喜，像是自製文創商品、風景畫等，還有多家位於河岸邊充滿情調的咖啡館與特色小吃店，非常適合不喜歡擁擠的旅人。河面上也有不少船隻運行，搭船順著河水慢慢前行，可欣賞到河岸兩邊經典高腳屋的泰式建築，古樸風情成為這裡最主要的特色，沒有人潮喧囂，多了緩慢悠哉步調。

　　若時間上允許，也有許多旅人會選擇住在安帕瓦水上市場旁的特色民宿，在優美古樸的泰式木式建築住上一晚，感受非常獨特的河岸旅宿氛圍。還能參加夜間才有的搭船欣賞螢火蟲行程，驚人的螢火蟲數量讓整條河河面金光閃耀，絕對是在安帕瓦旅程中，最令人難忘的一幕。

 Data

⌂ Puang Sombun Rd., Amphawa　☎ +66-86-836-1445　⏰ 每週五、六、日，12：00～20：00　🚗 於新南巴士站搭乘 Sai Tai Mai 搭乘 Mini Van 前往，也可包車或參加一日行行程前往

丹嫩莎朵水上市場
Damnoen Saduak Floating Market
歷史悠久的最大水上市集

　　「丹嫩莎朵水上市場」（Damnoen Saduak Floating Market）是在曼谷眾多水上市場裡，人氣最高的一個，也是許多旅人對泰國的經典印象，這座水上市場位於曼谷西南方約100公里遠，從曼谷搭車約1個半小時車程。「丹嫩莎朵水上市場」之所以最受國際旅人青睞，因當地保留了曼谷早期的水上市集風貌。丹嫩莎朵水上市場是1868年由泰皇拉瑪四世就開始建造經營，船家在全長約250公尺的河道上做生意，形成了特殊景象，再加上旅人乘船時可一探河岸兩邊，居住在高腳屋上的居民生活日常，讓旅人感到無比新鮮而絡繹不絕的前往。

　　抵達後，旅人可選擇以步行方式探索這個規模不小的水上市集，但也能選擇租艘小船遊覽河岸風光，如果首次來到這裡，務必要搭乘小船體驗這新鮮滋味。當旅人搭乘木製船隻，讓船伕緩緩划船前行，不寬敞的河道上擠滿了賣東西做生意的船家，船

Data

⌂ Dannoen Saduak, Dannoen Saduak District, Ratchaburi　☏ +66-87-969-3428

🕘 週一到週四，09：00～14：00／週五到週日，08：00～17：00　🚌 從新南巴士站 Sai Tai Mai 搭乘 Mini Van 前往

與船常會發生碰觸。放眼船攤兜售水果、米粉湯、紀念品、飲料及鮮花
等商品，由於旅人很多，船家總在被「卡船」或包圍時在身旁吆喝著，要
旅人瞧瞧他們的商品，熱鬧的氛圍能讓人感受曼谷充滿活力卻又優閒的
滋味。此外，我觀察到船家多半為女性，她們總是戴著遮陽的寬邊草帽，
不急不徐的搖動船槳。

　　而近日我還發現店家銷售新招數，因為許多旅人船隻都只是緩緩划
過岸邊店家，所以店家就自製一支超長的拉桿，將旅人船隻巧妙拉至岸
邊，在無法逃脫的情況下，旅人只好東看看西瞧瞧有無喜歡的商品。這
種專賣紀念品的店家商品種類很多，但商品幾乎大同小異，不外乎賣些
太陽眼鏡、木雕、皮包、手飾、銀器、畫作、佛像……，如果真有看上眼，
殺價絕對要大膽，直接先砍3折再慢慢議價，因為成交價常會出乎意料，
而這也是水上市場購物的樂趣之一。下船後，可以站在橋上俯瞰擁擠的
船隻，每艘船都載著不同顏色的商品，拍照效果極佳，也成為曼谷經典
風景之一。最後記得逛逛陸地上的店家，坐在河岸邊吃碗泰式米粉湯或
香蕉煎餅，感受曼谷最慢活又美味的泰式情調。

大城黃昏市集
Ayutthaya Night Market
充滿道地美食的曼谷版夜市

　　大城黃昏市集（Ayutthaya Night Market）位於大城，下午5點鐘，天還亮著，但攤販已聚集不少人潮，距離大概有400公尺長，但也頗為壯觀，這些攤販多以賣食物為主，大部分是讓顧客買來邊走邊吃的點心，後頭攤販則有自己的位子，可供逛了一天大城古蹟遺址後的旅人，花小錢就能大快朵頤一番。

　　首先是家規模較大的烤魚店，這是導遊強力推薦的餐廳，舊舊的攤子上擺滿燒到發紅的木炭，上頭多尾肥美的魚，只在魚身塗抹鹽巴，擺在炭火上燒烤烹煮。一旁的旅人，容易因不斷聞到烤魚香氣而饑腸轆轆。順著攤販逛，會看見當地人喜愛的炸雞翅、炸雞腿等，一旁還搭配黃薑飯，這就是曼谷人飽足的一餐。接著有賣炸魚、豬頭皮、豬舌、小雞的攤販，是全肉類的攤位。其他像是令人喜愛的烤肉串，雞腿、雞胸、雞肉串等等，也有露天自助餐類型的攤販，有多種菜色可挑選。除了鹹食，也有不少

賣甜點、飲料的攤販，還有現做的泰式煎餅。

　　我選擇了一家有座位的知名泰式炒河粉店來當晚餐，河粉一上桌時分量不小，更重要的是它使用了多種調味料，得把花生顆粒、糖、檸檬汁、辣椒粉等攪拌後來吃，果然味道一級棒，完全不輸給飯店餐點，而價格竟然只要35泰銖，是非常美味又難忘的一餐。

> **Data**　⌂ Bang Ian Rd., Tambon Tha Wa Su Kri, Amphoe Phra Nakhon Si
> 　　　　　Ayutthaya, Chang Wat Phra Nakhon Si Ayutthaya
> 　　　　⏱ 17：00 ～ 22：00
> 　　　　🚌 從新南巴士站 Sai Tai Mai 搭乘 Mini Van 前往

大城水上市場
Ayutthaya Floating Market
精心規畫的人造水上市集

「大城水上市場」（Ayutthaya Floating Market）是一座位處大城的人造水上市場，讓人想一探究竟。

還未進入前，就看見了不少旅人騎乘大象繞圈圈，這是「大城水上市場」的設施，一開始就給人驚喜感。進入水上市場前，會先看見河流前的高城牆，買票進入後，水上市場全貌才豁然開朗。由於是人工規畫的區域，規模很難跟曼谷的「丹嫩莎朵水上市場」比擬，但該有的風情還是都有，像河岸邊用茅草屋頂蓋起來的商店街，兩邊店家會以木橋連接，並栽種了椰子樹來營造綠意氛圍。在不算寬闊的河面上，仍有許多旅人乘坐小船，享受河岸風光。

河岸上以木屋搭建的商場是逛街重頭戲，店家賣的商品形形色色，從服飾、配件、餐廳、飲料、燒烤都有，規模雖不大，也算應有盡有。如果還嫌不夠，河面上搖曳的船隻也是商家，他們吆喝著旅人喝杯泰式奶茶或吃碗米粉湯。曼谷水上市場該有的，大城這裡也不輸人，反而還多了一分探險的樂趣，每間茅草屋裡都規畫表演活動，有街頭類型的演出，也有大型的舞台劇，跟著大夥擠在一起看戲，雖然聽不懂演員在說什麼，但看著民眾哄然大笑，就可以想見表演的精采。

　　走在木板搭建的河岸商場，我仍會擔心大量的人潮是否會壓垮橋面，但應該沒人會在乎這問題，好玩比較重要！小販賣著滋味還不賴的烤香蕉串，每串 20 泰銖，另外也有剛起鍋的炸雞翅、烤熱狗、貢丸，都是好味道，反正旅行中祭祭五臟廟也很重要。市場內還有幾家風格不錯的小店，值得進入逛逛，會有意外的驚喜。

Data
⌂ Phai Ling, Phra Nakhon Si Ayutthaya District ✆ +66-35-881-733
🕓 09：00 ～ 19：00 ⊕ www.ayothayafloatingmarket.com
🚌 從新南巴士站 Sai Tai Mai 搭乘 Mini Van 前往

美功鐵道市場
Maeklong Railway Market
火車來了就收攤的奇景

　　美功鐵道市場（Maeklong Railway Market）的地點位於Amphawa Floating Market附近，因距離不遠，常會被安排在同一行程，這個鐵道市集距離曼谷西南方約80公里遠，位處夜功府（Samut Songkhram Province），當火車不斷鳴笛發出逼逼逼的急促聲響駛向菜市場時，只見市場攤販們不急不徐移走擺在鐵道上的貨品，緊接著，火車才以緩慢的速度駛進車站，而這個畫面每天在忙碌的「美功鐵道市場」持續上演。對於初次見到這種畫面的旅人，容易感到驚訝與不可思議，腦海中只跳出為何非得在這麼危險的地點做生意？究竟是市場先存在？還是鐵道先存在？但不管原因為何，目前火車與市場共存共榮，帶來了熱鬧的觀光人潮。

「美功鐵道市場」營業時間從早上6點至下午5點半左右，販賣商品以食材為主，放眼望去魚乾、當令水果、蔬菜、肉品等，這些商品都擺在軌道上叫賣，至於軌道後方則是賣成衣、飾品或紀念品等，畢竟火車疾駛而來，要搬動一大堆衣服就困難多了。此外，泰國天氣炎熱，每個攤販都自備遮陽棚可遮蔽太陽，而當旅人走在滿布小石塊的鐵軌上時，稍微不注意就可能摔跤，所以逛鐵道市集必須慢慢走才行，只不過市場因多種食物混雜氣味太過濃烈，逛沒多久就想逃離。

走訪「美功鐵道市場」除了可在鐵道上拍照、逛市場外，等火車駛進車站後，也可與火車來張近距離接觸，火車站附近也有許多攤販可逛，可在這裡喝杯泰式奶茶解渴消暑。如果時間允許，很建議搭乘火車離開鐵道市場，因為坐在火車上經過市場時，又可見到攤販火速收棚子與攤子的畫面，氣氛非常熱鬧，也讓人嘖嘖稱奇。

Data

 Mae Klong, Mueang Samut Songkhram District  08：30～09：00、11：00～11：30、14：30～15：00、17：00～17：30

從新南巴士站Sai Tai Mai搭乘Mini Van前往

文青漫遊.

從古蹟中一訪神佛與貴族

充滿著濃濃宗教氣息的泰國，走到哪兒都能看見許多佛寺，而這些佛像或坐或躺，姿勢各有不同，也透露著不同的意境。雖然歷經戰亂後，泰國境內的許多珍貴佛像被損毀，留下的都是殘破的身軀，但神奇的是依然有著一股安詳感。而泰國過去皇族們的富麗寢宮，也都等著旅人們來一探究竟。

大城
Ayutthaya
在佛寺間感受古城安詳

曼谷近郊一日遊首選，是位於曼谷北方距離約90分鐘車程的古城「大城」，一般稱為「Ayutthaya」，中文多稱為「大城」或「阿育陀耶」，透過古城的巡禮，將對於泰國這個國家有更深度的理解。大城在西元1350～1767年是泰國王朝首都，當時王朝稱為「大城王國」或「阿育陀耶王朝」，這個王朝共經歷5個朝代、33位國王，時間長達417年，王朝末年被緬甸王國攻擊，緬甸軍隊大肆毀壞大城裡的寺廟與佛像，最後大城在1767年滅亡，並於1991年12月被聯合國教科文組織列為世界級文化遺址。

在大城區域的景點中，以走訪佛寺最重要，其中推薦參訪的有瑪哈泰寺（Wat Maha That）、拉嘉布拉那寺（Wat Ratchaburana）、帕席桑碧寺（Wat Phra Si Sanphet）、普蘭寺（Wat Phra Ram）、羅卡雅蘇塔寺（Wat Lokaya Sutha）等。這些位於大城的佛寺，各自擁有不同風貌，獨特色彩不亞於曼谷佛寺，是探尋泰國文化不可錯失的好機會。由於大城距離曼谷市區不近，車程約1個半小時，前往大城旅行時的交通工具可選擇搭火車、Mini Van、包車或參加當地一日遊旅行團。

瑪哈泰寺
Wat Maha That
斷垣殘壁竟有另一種美

Data
⌂ Tha Wa Su Kri, Phra Nakhon Si Ayutthaya District ☎ +66-83-004-0423 ⏱ 08：00～17：00 $ 門票 50 泰銖 🚌 於新南巴士站乘 Mini Van 前往，也可包車或參加一日行程前往。

　　瑪哈泰寺（Wat Maha That）是大城區裡最具代表性的寺廟，這座寺廟占地很大，建於 1374 年，殘破頹圮的寺廟外觀，讓人很難想像寺廟曾有的輝煌。在夕陽映照下，高棉式的主塔遭毀壞，帶有感傷氣氛，尖尖的佛塔紅磚外露，遺跡滿是滄桑。在進入「瑪哈泰寺」前，會先看見一座寺廟完整模型，令人驚訝寺廟範圍竟如此寬廣，除了有多間廟宇，還有大大小小多座佛塔圍繞，是座很有規模的寺廟。

　　只不過愈參觀「瑪哈泰寺」，愈是無法相信眼前景象。因為寺廟幾乎只剩下斷垣殘壁，大部分僅剩紅磚圍牆，原本偉大的寺廟之所以敗壞至此，主因是緬甸軍入侵戰亂時毀壞，無論是大佛像或小佛像，不是斷頭就是殘敗的身體，為緬甸軍隊入侵時為奪取佛像身上黃金所致。因此，眼前大部分的佛像很少完整如初，牠們只是靜靜端坐，看著人世間的無知與滄桑。我獨自爬上一座地勢較高的尖佛塔，此時夕陽西下，陽光灑在這些古蹟上，佛像影子正好倒影在後面的高台上，成為我至今難忘的印象。

古皇城區樹中佛
戰爭後的佛像奇景

　　「Wat Maha That」旁有一處熱門景點，這處景點位於茂密樹林裡，一般統稱為「樹中佛」，也是「Wat Maha That」裡最出名的奇景。據說這顆佛像頭是被緬甸軍砍下滾至樹中，後因樹根生長包覆，才有目前特殊的景象，也成為旅人必拍景點。不過切記在拍照時得蹲低身體拍攝，以表對該佛像的尊敬之意。望著佛頭的安詳表情，並虔誠膜拜完樹中佛後，心底仍盤旋濃濃哀傷，難以想像這個曾如此神聖莊嚴的佛寺所遭遇的災難。

　　許多地攤商家販賣多款當地佛陀小模型，其中樹中佛模型做得維妙維肖，十分吸引人收藏。當然，千萬別急著選購，可以先東看看、西瞧瞧，之後再出價，起初店家若給了一個很高的售價，可以假裝不為所動而轉身離開，讓店家遞出計算機請你按下數字，就有機會用更優惠的價格，帶走這個很有紀念性的商品。

大城臥佛
Wat Lokaya Sutha
歷經戰亂依然祥和

曼谷有許多尊臥佛，神情姿態都有些許差異，而這尊位於大城「羅卡雅蘇塔寺」的巨大臥佛（Wat Lokaya Sutha），身長42公尺，高有5公尺，祂沒有金碧輝煌的身體，更因歲月與長時間日照而顯露滄桑與斑駁。而臥佛原本該位於寺廟城牆後保護著，但眼前只剩斷壁殘垣，慶幸的是，除了顏色，臥佛本身並無太多破損，祂仍神色自若的手枕著頭，躺在多朵巨大蓮花上、並伸長雙腿安然休憩。「羅卡雅蘇塔寺」眼前除了臥佛，後方依稀可見到搖搖欲墜的佛塔及漫漫荒草。

我從旁端倪佛像臉龐，以現存的色塊來判斷，昔日祂應是尊金黃色澤的華麗臥佛，只是戰爭與歲月褪去了這些光芒。當地民眾並沒有對這尊臥佛失去尊重與景仰，他們替臥佛披上巨大袈裟，讓臥佛有著另一種新舊交融的美感。不少民眾仍會在佛前供奉美麗花束並焚香祈禱，誠摯表達心中祈願。難得來到佛前，當然得拍張紀念照，推薦站在佛像腳邊，從腳往頭部拍攝，這樣一來，更能拍出巨大臥佛莊嚴的真實比例。

Data

⌂ Pratuchai, Phra Nakhon Si Ayutthaya District

🚌 從新南巴士站 Sai Tai Mai 搭乘 Mini Van 前往

天主聖堂
The Nativity of Our Lady, Cathedral Bangkok Khuek
眾多菩薩中的聖母瑪麗亞

Data

🏠 Bang Nok Kwaek, Bang Khonthi District, Samut Songkhram, 75120 📞 +66-034-703219

🕐 週六、週日 (09：00～12：00、13：00～16：00)

　　這座天主聖堂（The Nativity of Our Lady, Cathedral Bangkok Khuek）建於1890年，是一位法國傳教士花了6年時間建造而成，教堂外觀是優美的哥德式建築，正中央為高聳的白色尖塔，這類型的建築在泰國當地相當少見，所以成為造訪安帕瓦時的參訪景點之一。細看教堂，左右兩側佇立兩位聖徒，教堂前則高掛中文「天主聖堂」字樣，大門上有精緻銅雕藝術，講述聖經裡的故事，是在當地可以細細品味的優美地標。

　　這座教堂同時是泰國當地最古老的天主教堂，也是信眾重要聚會的信仰中心，在這以佛教信仰為主的泰國，顯得特殊。漫步來到教堂邊，可見到聖母瑪麗亞雕像及一些趣味的木雕作品。來這裡除了可欣賞教堂建築外觀外，教堂旁的區域也不小，還有許多東西可看，像草地上可見到基督抱起孩童的雕像，一旁或爬或走的小孩，全都充滿喜樂。值得特別注意的是，為了保護教堂，所以想參觀教堂內部得事前預約。

莞芭茵夏宮
Bang Pa-In Royal Palace
完美融合多國建築的泰皇行宮

　　有「泰國最美行宮」之稱的「莞芭茵夏宮」（Bang Pa-In Royal Palace），見到時果然名不虛傳，無論是占地、規模與建築，都呈現出一股脫俗的美感。最早建於17世紀，擁有150年歷史的「莞芭茵夏宮」是泰皇的夏日行宮，距離大城市中心約20公里，主要為泰皇夏日避暑或接待外賓度假的地點，不過這裡曾因泰緬戰爭而被燒毀，阿育塔雅王朝滅亡，直到泰皇拉瑪四世重建，後由拉瑪五世接續，才有眼前的模樣。進入「莞芭茵夏宮」得先購票，一旁有張地圖介紹宮裡的區域和範圍，先看好位置才不會迷失在這座大花園。主要用散步的方式來參觀，如果懶得走，也能花錢租高爾夫球車遊園，但樂趣勢必會少一點。

　　首先見到的景點是一座高塔廟宇，廟宇旁端坐著兩隻雄偉石獅子，旅人們脫鞋後進入廟宇祭拜。放眼望去，莞芭茵夏宮處處都是可拍照的地方，由於泰皇拉瑪五世喜愛園藝，宮裡可見到許多優美的園藝造景，甚至還把小樹修剪成大象。此外，無論是

建築或刻意規畫的廣闊草地，散步時身旁都有條美麗河流，讓這座行宮更加幽靜美麗，甚至連站在河邊吹著風，都能拍出很棒的照片，所以旅人的快門聲始終沒停下，一點都不誇張。

更往裡面走會見到一座雕像橋，橋上的人物為希臘農神、海神等，一字排開頗有氣勢，彷彿進入歐洲皇宮，只不過當你一回頭，卻又發現一座金碧輝煌、名為「Phra Thinang Aisawan Thiphya-Art」的泰式尖塔廟宇就矗立在湖中央，後面也有一棟名為「The Inner Palace」的歐式圓頂建築，是拉瑪五世喜歡居住的地方，不同風格的建築同時存在，卻巧妙的用距離來展現各自風采，毫無違和感，這正是「莞芭茵夏宮」的厲害之處。究其原因，是當時拉瑪四世與五世正在努力西化改革，所以在這裡才會見到多個國家的不同建築風格大融合。

緊接著是帶有趣味性的活動，位於湖面亭子裡有家賣吐司的小攤販，旅人把手上吐司撕成小塊狀扔入湖邊，吸引一大群魚兒搶食，體驗古時皇室生活的樂趣。最後重頭戲是參觀「Phra Thinang Warophat Phiman」別墅，這棟黃白色的希臘式建築，是舉辦幾任泰皇加冕典禮的地點，入內得脫鞋且無法拍照，裡頭可欣賞到不少家具，非常富麗堂皇。最後頭還有一棟名為「天明殿」的中國式建築，建築物全漆上紅與金色，顏色相當搶眼，是當時華僑集資興建贈與拉瑪五世，一旁的維圖塔薩納塔，可俯瞰夏宮景致，也不容錯過。

Data

⌂ Ban Len, Phra Nakhon Si Ayutthaya ☎ +66-26-235-499 ⏰ 8：30～12：00、13：00～15：00 $ 100泰銖 ⊕ www.palaces.thai.net/ 🚌 從大城前往莞芭茵夏宮，可以在大城Chao Prom路上的Chao Prom市場搭乘Mini Van，約15分鐘車程，票價30泰銖

拷汪宮
Phra Nakhon Khiri Palace
深山內的絕美皇宮

　　距離泰國度假勝地華欣不遠的七岩，是泰國皇室拉瑪四世著名的避暑夏宮「拷汪宮」（Phra Nakhon Khiri Palace），電影《安娜與國王》中周潤發飾演的國王，就是拉瑪四世，行宮建於 Samana 山頂上，泰國人又稱為「山中之城」。「拷汪宮」地理位置相當隱密，位在樹林密布的山林裡，前往時須先經過一棟很大的白色建築物，售票口就位於左右兩側樓梯的正中央，旅人必須從左側搭乘纜車前往，右側則是參觀完的路線。這座纜車是以倒拉的方式向上走，且坡度陡峭，所以纜車速度不快。旅人還可一邊欣賞風景，約莫 5 分鐘左右就會抵達目的地。

　　因為山上野生猴子數量很多，此處特別設立警告標誌，提醒旅人必須特別注意這些小傢伙，絕不能外露食物，以免招來搶奪。在這座山頂上有

許多參觀景點，必須在豔陽天於山路間揮汗行走，天氣炎熱時，需特別注意事前防曬。「拷汪宮」的建築融合了泰式、中國及新古典主義風格，所以能欣賞到很特別的建築，這裡喜愛使用大量白色來營造出寧靜優美的視覺效果，雖然牆面歷經歲月滄桑變得斑駁，但可想像昔日光彩。

在瞭望台俯瞰附近山林景致，從不同顏色層次的樹林中，可見到小玉佛寺在遠處，一旁則為白色 Phra That Chom phet，都是值得前往的景點。此外，在山頂西面的博物館裡，展示著拉瑪四世及五世時期的皇室用品、雕塑及部分亞洲陶器品，也值得去看看。另外一處必須前往的景點是建築外觀優美的圓拱形瞭望台，順著窄小的階梯向上行，一個視野開闊的觀景台就在眼前。「拷汪宮」還有多個景點隱密於山巒中，只不過陡坡與階梯，加上酷熱的太陽，讓許多旅人立刻放棄，殊不知「拷汪宮」的魅力就隱藏在這片山林裡，登塔後遼闊的視野，是一處就算滿身大汗也值得一賞的景點。

Data

⌂ Mueang Phetchaburi District, Phetchaburi

☎ +66-32-401-006 🕐 08：30 ～ 16：30 💲 150泰銖

🚌 可從華欣包車前往，或先搭乘公共巴士到 Phetchaburi，再轉乘計程車。如果從七岩前往車程約25分鐘，車費為250泰銖左右，搭乘纜車費用則為30泰銖

183

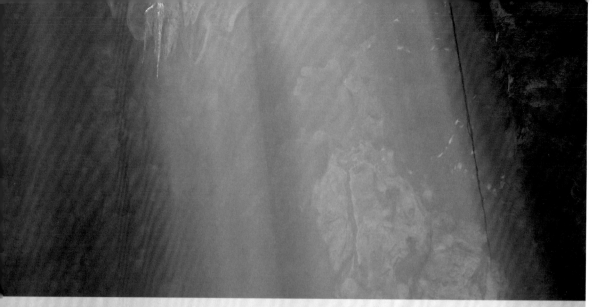

拷龍穴

Tham Khao Luang

藏在洞穴內的菩薩們

神祕佛光拷龍穴（Tham Khao Luang）是個非常獨特的旅遊景點，它是大自然鬼斧神工之作，散發神祕與且莊嚴的吸引力。位於七岩的「拷龍穴」是當地非常重要的石窟，石窟裡供奉著的佛像，身上刻有泰皇拉瑪五世獻給三世及四世的親筆題字。

接著走上山坡步道，約莫5分鐘路程，就來到山壁前的一道鐵門，進入窄門後是往下蜿蜒、深不見底的石梯，鐘乳石石壁則是奇形怪狀，長得有點像龍嘴，山洞深度驚人，得謹慎走下樓梯，來到最底處時眼前景象將豁然開朗。

Data　⌂ Thongchai, Mueang Phetchaburi District, Phetchaburi
　　　　 ☎ +66-87-165-5876 ⏲ 08：00 ～ 18：00
　　　　 🚗 從七岩市區包車至拷龍穴需要30分鐘，車費約300泰銖

太陽光線從山洞口直接照射而下，那道光芒讓人感到不真實，等眼睛適應光線後，眼前景物漸漸清晰，下方處有座大佛像，一旁也有多尊小佛像及佛塔，民眾們正在焚香祈福。高聳的洞穴裡頭滿是變化萬千的鐘乳石，山壁上還有多尊佛安坐在高處，給人一種難以言喻的莊嚴感。

再往洞穴更深處走去，看見有尊笑容滿面的大臥佛，洞穴裡雖然高高低低，但因鋪上紅磚而好行走，只不過光線不夠明亮仍得步步小心，況且洞穴旁還會延伸出小洞穴，充滿冒險的神祕感。走到洞穴最底端，一切又變得寬闊，明亮空間裡也坐著幾尊佛，擁有上百尊佛像的「拷龍穴」，將給人一趟非常有靈氣的旅程。

拉瑪二世紀念公園
Rama II Park
深入探索泰國文化

　　占地很大的「拉瑪二世紀念公園」裡的「安帕瓦文化遺產博物館」
（Amphawa Cultural Heritage Museum）很值得參觀，這裡主要是為了紀
念拉瑪二世而建造，收藏許多泰國皇室藝術作品及多項泰國藝術成就，
更可深入了解泰國文化。

　　由於區域範圍寬闊，可租借腳踏車遊園。在園區裡可見到不少旅行
時常見的泰式傳統高腳建築，不過園區裡保存更好、更完整，還有不少
園藝造景，把樹木剪成大象等動物造型。

Data

⌂ Soi Sut Chai, Tambon Amphawa, Amphoe Amphawa, Chang Wat Samut Songkhram ☏ +66-3-475-1367 ⏰ 08：30～17：00 💲 30泰銖 🌐 www.kingrama2found.or.th/ 🚌 搭乘Mini Van至安帕瓦，再包車前往

　　「拉瑪二世紀念公園」裡最值得欣賞的除了「泰式甜點博物館」外，另一處就是展示了泰國人民生活的文化博物館，這處博物館同樣位於高腳屋上，只是這個展覽場分成4個展覽區塊，可見到早期泰國人民的生活與穿著，為了逼真寫實，展覽內容皆以蠟像人偶來呈現，這樣就算不透過文字，也能清楚明白泰國民眾當時的髮型、穿著與平日的生活與休閒活動。早期泰國民眾造型，特別是女性頭髮剪得非常短，像是電影《幽魂娜娜》內，娜娜的男人髮型。

　　展覽區裡還展示當時民眾居住在高腳屋裡的陳設，像他們使用的各種樂器，以及當時皇室餐飲的食物擺盤與類型，也都做得細膩逼真。其中有一位婦人幫她丈夫捏腳的蠟像，一旁擺設的按摩藥草包，跟目前店家所採用的完全一樣，更能從中明白原來這種按摩藥材的悠久歷史。逛完以蠟像來陳述民眾生活的展覽後，園區裡還有更多地點值得探索。

泰式甜點博物館
令人目眩神迷的泰式甜點

　　於「Rama II Park」內的「泰式甜點博物館」，是可欣賞到泰國在地最多樣化甜點的地方。這棟兩層樓由泰式木造高腳屋建築的博物館，在一樓就可先看到擺放在木船裡的多樣甜點，其中還有一艘是放著泰國當地知名的米粉湯，另外還有輛專載甜點的三輪車，只見車內擺滿各式甜點，賞心悅目且大部分食品模型相當逼真，做得維妙維肖，讓人真想拿起來咬一口。

　　在這還可見到在曼谷大街巷弄常會遇到的水果攤，這裡的攤車以木條製成，風格古樸優雅，且皆有玻璃外罩，木瓜、西瓜、芒果等擬真水

果就放在冰塊上，在炎熱夏天看到這些水果，真的讓人猛吞口水。

　　欣賞完一樓展示區，順著木製樓梯來到二樓，這裡的區域範圍更大，眼前出現多款熟悉的泰式甜點，細數有芋頭酥、菠蘿蜜切片、椰子餅、芒果乾及顏色繽紛的糖果，但還有更多從未見過，令人摸不著頭緒的甜點，這時候就很需要泰國導遊的介紹與講解。

　　博物館同時也展出泰國皇室所吃的甜點，擺放在高級食器裡，格調相當高雅。博物館內有一台古老剉冰機器，由於台灣也有類似款式，台灣旅人一眼就能認出來，機器旁的玻璃碗裡則排滿多樣式的配料，製作著我們所熟悉的冰品「摩摩喳喳」。此外，這裡還展示不少製作甜點的用具，令人難以想像製作甜點的道具，竟然那麼多樣化。

古城76府
The Ancient City
一次賞盡全泰國的景點

　　泰國的寺廟極具特色，在旅程中總會發現許多金碧輝煌、寺塔高聳的寺廟，據說目前泰國寺廟就有三萬多間，不愧是佛教大國；但如果我們想利用短暫旅程，欣賞到大量寺廟，有可能嗎？古城76府（The Ancient City）就能達成這個願望。占地超過1214畝的古城76府，是全世界最大的戶外博物館，網羅了泰國76區中著名的210個古蹟景點，並依照真實比例縮小，而且每個王朝的建築特色也全都仔細考察過，所以旅人能在一天內環遊泰國各地的美麗寺廟、歷史遺跡、宮殿……。

　　但這麼大區域的戶外博物館，光走在大太陽下就會中暑，因此園區貼心設置了遊園專車（Tram），每趟導覽約2個鐘頭，並有專員解說，一站接著一站的前往欣賞拍照（也能租借導覽解說，需要的人可多多使用）。古城76府並非像是台灣遊樂園「小人國」那般的建築模型，每個景點都

大到可入內拍攝，工匠細心的規畫令人嘆為觀止。由於府內有許多精采展出，例如「工匠村」裡，穿著制服的工匠們在現場神情專注且熟練的雕刻木塊，在一旁欣賞的旅人，也是不禁安靜凝視，深怕影響他們的每一次下刀。

「老城鎮」因有大量樹蔭阻擋，感覺通風涼爽，此處為泰國老房子的陳設，並參雜特色小鋪，現場也展出多件大型木雕，有許多精雕細琢之作。而著名的「黃金城」為必看景點，寺廟金光閃閃、華麗壯觀，廟外則有尊金佛，散發莊嚴自在氣息。縮小版的「Grand Palace」也是必拍景點，規模雖小但到味，展現不同於真實版的氛圍，記得脫鞋後入內參觀拍拍照。

至於在泰國電影裡很常見的「Rattanakosin Dwelling」建築，是種高腳屋，建成高腳的緣故有冬暖夏涼，還能防止野獸、大雨淹水等多種用途，走入木屋，還能看見多種老式家具。

　　坐在遊園車上時，還會見到大量佛像，全都刻意雕塑出斑駁風格，看起來更有歷史感。園區內還規畫不少座水池，池上皆會擺放雕塑品，多為神獸或流傳神祇，而知名的「Ayutthaya」遺跡在園內也有多處景點，還沒前往大城的朋友，可先在此初體驗。

　　由於園區很大，又有太多景點可拍照，肚子很快就餓了，記得先買顆冰涼椰子水解渴，再搭配一碗泰國米粉湯，吃飽後再繼續遊園拍照。

Data
⌂ 296/1 Sukhumvit Rd., Bangpoo, Samut Prakan
☏ +66-2-709-1644
⏱ 9：00 ～ 19：00（售票至18：00）
$ 9：00 ～ 16：00，全票700泰銖、兒童票350泰銖／16：00 ～ 19：00，全票350泰銖、兒童票175泰銖（可在Klook線上訂票較便宜）
🌐 www.ancientcitygroup.net/
🚍 搭乘BTS於Bearing站1號出口下車後，往北走到「Centerpoint Entertainment」的停車場，11：00會有接駁車會開到「Ancient City」，或轉搭計程車前往

泰式享樂.

樂園牧場開心體驗

曼谷的景點不少，建議至少用一天的時間到鄰近的景點走走，將會讓這趟曼谷之旅更加美好完整。除了遊河、逛宮殿，好玩的綿羊牧場或主題公園，還有泰式傳統服飾、餵野生猴子等體驗。推薦參加好口碑的一日行，交通安排上會順暢許多，當然也能選擇轉車或包車前往喔！

泰式傳統服裝體驗
入境隨俗當一回泰國人

Data
⏱ 09:00～15:00 ⚠ 該景點只接受8人以上團客參訪，建議參加大城一日旅行團。（可洽詢泰國姐妹花）

　　因參加曼谷當地一日遊行程，導遊特別安排了「水晶晶泰服體驗館」，讓旅人體驗一下穿泰服的感覺！更換前我心裡有點忐忑，不知道換上泰國傳統服飾後會變成什麼模樣？館內提供不同風格的泰國服飾，為了能讓旅人拍出更精采的照片，還擺了為數不少的背景與道具供搭配使用，我選了一件絲綢材質的寶藍色上衣，與紅金色調的褲子。

　　比較奇妙的是，這件褲子很寬，必須在胯下繞過一條同色系的帶子來固定，在腰間也得繫上腰帶，肩上再搭配一條沙龍，最後再戴上顏色與衣服相襯的帽子就大功告成。老實說，絲綢材質穿起來挺舒服，但胯下那條帶子感覺有點妨礙，接著搭配一旁的三輪車、背景為水上市場的船，或抓著泰式大象當背景，果然拍出不少值得留戀的泰國風情照。

195

餵野生猴子
從天而降的山大王

在「Phra Nakhon Khiri Palace」會遇到一些撒野的猴群，旅人緊抓著相機包包，深怕被這群「山大王」搶奪，但是當地商家洞悉旅人心裡渴望與猴子互動，於是就有了這處「人猴友好交流」的地方。旅人必須先在店家購買一大袋生玉米，接著會被帶到後方餵食猴群。

起初沒幾隻猴子在地上，但當老闆娘拿出玉米後，大量猴子竟從天而降，原來牠們在樹上伺機而動，就這樣愈聚愈多，直到四、五十隻大猴小猴聚在一塊，旅人這時得小心的取出玉米餵食，這些絕頂聰明的猴子不僅會搶玉米，還會拉你的褲子討食物，一群猴子在身旁跑跳也是種特殊體驗。

看見有些母猴辛苦的抱著小猴搶食，忍不住私心餵食牠們，老闆叮嚀要餵得乾脆，若猶豫不決會惹惱猴子而遭受攻擊，有些女性旅人邊餵邊尖叫，不知道猴子作何感想，應該覺得人類很吵吧。

美功河
Mae Klong River
貼近當地居民的日常

　　前往泰國知名的「美功鐵道市場」前，一日行程常會先安排搭乘美功河遊船體驗東方威尼斯之美，速度頗快的船隻奔馳在美功河（Mae Klong River）上，在炎熱的天氣裡吹著風，著實是件過癮的事！在船上所欣賞的河岸風光與陸地上截然不同，更重要的是，乘船時才知道美功河並不小，這條河最後還會流入泰國灣，航行時可見漁民正在捕魚與居民的日常，十分愜意。

　　直到船隻速度放慢，我才開始收心，因為船正駛入大夥熟悉的「Amphawa Floating Market」，在不喧囂的日子裡，靜靜欣賞河岸兩旁的餐廳、店家、高級飯店，還有泰國學生們在河岸嬉鬧的景象，與印象中週末旅人擁擠混亂的情況相差甚遠。或許因為河面平靜，才看見美功河漂浮著不少垃圾，但能透過不同角度來認識當地民眾的生活，也是遊美功河的最大收穫。

愛與希望之宮
Mrigadayavan Palace
為愛所建的浪漫之地

　　泰皇拉瑪六世為王妃所興建的「愛與希望之宮」（Mrigadayavan Palace），距離華欣約末二十幾分鐘車程，是一處寧靜優美的浪漫景點。遵照泰國民眾對於泰皇的尊敬，旅人若穿著無袖上衣、短裙或短褲都會被禁止入內，得先前往「整裝區」，通常會被要求綁上一條可蓋過膝蓋的沙龍。

　　「愛與希望之宮」占地不小，樹林茂密，小徑綠意盎然，走起來很舒服。入園後會先看見有國王雕像的小花園，一旁即是以上等柚木興建的

兩層樓高宮殿，當時泰皇拉瑪六世特地邀請義大利建築師 Erocle Manfred 所打造，用 1,080 枝土柱支撐起 16 棟木製高腳宮殿，米黃色的主建築搭配淺藍色窗框，屋頂則為搶眼的桃紅色。此外，建築師還將宮殿兩層樓高的迴廊延伸至海邊，讓皇帝與王妃能盡享海濱風景。

在購票時預先告知，售票人員便會用印章蓋上參觀時間，就能參觀二樓的起居室，但得將鞋子放進麻布袋裡。由於木製的宮殿歷史已久，只能緩步參觀，嚴禁喧鬧奔跑，裡頭簡單的陳設與家具，可一窺當時皇帝的生活。再往前幾步，就會看見沙灘與大海，昔日泰皇與愛妃常來此散步。海風徐徐吹來，也吹散了暑氣，一旁滿開的雞蛋花為海灘增添幾許詩意。整座園區有許多庭園造景和修剪得漂亮的高聳樹木，還有許多椅子供休憩及噴水池，旅人也可在綠色屋簷的紀念品店購買伴手禮或喝飲料。

目前顯示關閉整修，整修不開放至 2024 年。

Data.

⌂ T1281 Rama 6 Camp, Petcha-kasem Rd., Cha-am, Phetchaburi 📞 +66-32-508-443 🕒 08：30～16：30（週三休館）💲成人30泰銖，10歲至15歲青少年15泰銖（9歲以下兒童免費）🌐 www.mrigadayavan.or.th/ 🚌 從華欣市區包車前往，費用約600泰銖

小瑞士牧場
Swiss Sheep Farm
在萬里無雲的草原上餵羊群

　　位於七岩一處很可愛的小瑞士牧場（Swiss Sheep Farm），可說是針對旅人量身打造的旅遊景點，特別是在萬里無雲的天氣，拍出來的照片都很迷人。購票後進入牧場，柵欄內是餵羊的地點，這群饑腸轆轆的羊群們不知餓了多久，當我將稻草往牠們嘴裡送時，可說是拚命狂咬，手上的稻草沒兩三下就被啃到精光，也算完成了餵羊任務。

　　緊接著開始小牧場的拍照之旅，入口處有座大風車，除了後方有座高

Data

⌂ Swiss Sheep Farm Cha-am Petchburi ☎ +66-32-772-495 ⏰ 09：00～19：00 $ 成人50泰銖，兒童30泰銖 ⊕ www.swisssheepfarm.com 🚗 從七岩市區包車前往，費用約500泰銖

山突起，整座牧場都在遼闊平地上；這裡還站著一位身穿黃衣的巨大稻草人地標，以及仿照歐洲的稻草捲，讓人想在草地上滾來滾去。為了不讓空曠的草原變得單調，園區還設計了很多南瓜、稻草人讓旅人合照。或許知道會有不少情侶來這，也規畫出一整區愛心圖案區，到處都是LOVE字樣。接著，我瞥見路旁停了一台復古金龜車，僅供拍照使用，馬上搶拍一張留念。再往前是兒童遊戲區，擺放多款電動玩具，也販賣食物與飲料。

　　別忘了後頭還有個3D博物館，牆上有大衛雕像、比薩斜塔、鯊魚張大嘴或拿吹風機吹蒙娜麗莎等畫像，當人貼在牆壁合照，就能顯現爆笑又逼真的立體效果。要步出牧場大門之際，發現一旁還有間紀念品店，讓旅人可以帶著戰利品心滿意足的離開。

華欣火車站
Hua Hin Railway Station
充滿懷舊風情的百年火車站

（泰國觀光局）

　　位於華欣的華欣火車站（Hua Hin Railway Station」）是一個古老而迷人的火車站，火車站之所以受到旅人青睞，是因為火車站擁有復古獨特的建築風格與華麗候車室而聞名，所以吸引了許多外國旅人前來朝聖。華欣火車站建於1911年，泰國國王拉瑪五世統治時期，火車站的設計融合了泰國和西方建築元素，並擁有橋樑式的網狀屋頂，優美的建築線條令旅人十分喜愛。

　　華欣火車站是華欣最醒目的地標，雖目前仍舊營運，但已把它看成另一處旅遊景點。仔細端詳華欣火車站的門柱及屋頂，是以柚木所打造，強烈配色，營造出一股質樸、充滿歷史況味的視覺感，走進火車站裡，可見到售票廳，目前車站裡仍可購買到前往泰國各地的火車票。火車站裡展示者早期國王視察車站的照片及火車的舊照，讓人彷彿走入時光隧道般，沉浸在濃濃的泰式復古情懷。

　　位於車站站台上，會發現一個金色的鈴鐺，在過去只要當火車要離站，站務人員就會搖動鈴鐺，成為一種很有趣的提醒方式。來到華欣車站，因不需要購票就能進入車站拍照，不妨坐在車站旁的座位區歇歇腿，放緩腳步靜下心來感受這座擁有百年歷史的泰國火車站的時代風華。

Data

⌂ Hua Hin Train Station,Hua Hin District, Prachuap Khiri Khan（華欣市區 Dammoerm Kasem 路往西約 200 公尺）

⊕ www.railway.co.th/home/ 🚃 當地大眾運輸工具較少，建議搭乘雙條車前往

走，
去芭達雅！

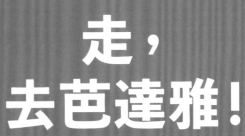

Let's go to the PATTAYA!

CHAPTER **6**

這裡，被稱作「東方夏威夷」。炙熱陽光、
湛藍海洋……，與動物的近距離接觸、夜
晚魅惑的人妖秀，在芭達雅，體驗最放鬆
的假期！

逛街購物.

晝夜各自精采的熱鬧城鎮

芭達雅的夜晚,最人聲鼎沸的逛街鬧區多集中在長達3公里的海灘路,逛起來似乎不遠,不過一家緊鄰一家的商店或酒吧,卻有種永遠走不完的錯覺,這時就會需要搭乘雙條車讓雙腳休息,因此整條路都是這種車在奔馳載客。

邁克購物中心
Mike Shopping Mall
潮 T 水果樣樣都有

Data

⌂ 262 Moo 10, Pattaya 2nd Rd., Nong Prue, Banglamung, Pattaya ☎ +66-3-841-2000 ⏰ 11：00～23：00 🌐 www.mikeshoppingmall.com/ 🚗 搭乘雙條車前往

　　邁克購物中心（Mike Shopping Mall）是當地較傳統的商場，它沒有漂亮搶眼的外觀，所以常會被旅人忽略。購物中心的另一入口聚集多家水果攤販，琳瑯滿目的泰國水果全擺在攤位上，如果想吃泰國特產山竹、紅毛丹或芒果，在此購買的確非常方便。由於商場後方空地很大，旅行團也習慣將遊覽車停在此集合團員，也間接帶動了購物中心的生意。

　　購物中心一樓主要販賣潮流服飾、皮件、藥物、紀念品等，但其實很難去歸類，因為商品走向類似曼谷的「MBK Center」購物商場模式，就是一家家小攤位的形式，商品平價，當看到喜歡的商品時，是可以殺價的喔！這裡專賣 T 恤的攤位非常多，款式也不同，泰國風情、卡通人物或電影海報圖案都有；也有不少皮件或木雕，皮包、皮帶的價錢都不貴，還常有買一送一的優惠，雖不是大品牌，但價格實惠、質感不錯的話，也都能接受。

尚泰芭達雅海灘購物中心

Central Pattaya

聳立海灘旁的芭達雅地標

　　旗艦百貨公司尚泰芭達雅海灘購物中心（Central Pattaya）是目前芭達雅最高級、豪華的購物中心，也是當地的地標。於2009年開業，商場位於熱鬧的海灘路9號與10號，提供餐廳、兒童遊戲場、超級市場、電影院等多樣化服務，這棟5層樓的百貨裡，商品種類可說是應有盡有，不 僅 有Calvin Klein、French Connection、Armani Exchange、H&M、UNIQLO等服飾品牌，3樓還有販賣手機、數位相機、3C等店家，可以滿足消費者的購物需求，也看準了白天去海灘曬太陽的旅人，到了夜晚可能會想逛逛百貨的需求。

　　擁有獨特建築外觀的尚泰芭達雅海灘購物中心，下方樓層為購物商場，樓上是高聳的「希爾頓飯店」（Hilton Hotel），這棟也是當地最高的建築。一到夜晚，百貨前後的大廣場會聚集熱鬧攤販，如果嫌百貨裡買不夠，就到外頭繼續血拚吧！我覺得這家百貨最便利之處，是聚集了泰式、

Data

⌂ 333/99 Moo 9, Pattaya Beach Rd., Pattaya ☎ +66-2-021-9999 ⏰ 11：00～23：00 🌐 https://shoppingcenter.centralpattana.co.th/branch/central-pattaya 🚌 換乘雙條車前往

義大利、美式、日式、印度、俄羅斯等異國料理的餐廳，能滿足饕客的味蕾，百貨地下樓層也設有美食街，店家攤販賣的多樣化小吃也很棒！

　　我個人偏好到高樓層吃飯，像樓上的「肯德基」擁有很棒的視野，邊吃炸雞邊俯瞰整個芭達雅灣，如此平價又豪奢的享受，也只有芭達雅的門市獨有。此外，在這家百貨會見到大部分旅人穿著短褲、夾腳拖來逛街，充滿度假氛圍，這就是在芭達雅與曼谷逛百貨最大差異之處，但別以為來這裡就不會失心瘋，人常會因為心情太放鬆而導致荷包大失血啊！

皇家花園購物廣場

Royal Garden Plaza

巨大飛機撞進購物聖地

　　「皇家花園購物廣場」（Royal Garden Plaza）是當地較早開始經營的購物商場，可說是目前芭達雅第二大的購物中心，只不過規模無法跟尚泰芭達雅海灘購物中心比擬。購物中心共有4層樓，1樓主要為品牌服飾、體育用品、紀念品、房地產代理公司及速食餐廳等。2樓則為藥妝店、服飾店、紀念品、包包店及旅行社，另有家規模較大的「吉姆湯普森工廠銷售店」（Jim Thompson Factory Sales Outlet）店裡提供絲綢手提包、衣服和枕套等絲綢產品，頗受觀光客喜歡；同樓層左右兩側還有幾家美膚沙龍，價格挺便宜，也吸引許多旅人休息順便做臉部保養。

　　3樓則是知名度頗高的「信不信由你博物館」（Ripley's Believe It or Not Museum），是小孩喜歡的刺激遊戲區，由於遊戲挺多樣化，許多旅行團會特別帶旅人來這裡玩；此外，博物館還有知名的好萊塢明星雕像，像是豆豆先生、瑪麗蓮夢露……，可在此與偶像近距離合照。至於最上方的樓層「Food Wave」，被規畫為時尚美食廣場，旅人需先購買卡片再入內點餐消費；美食廣場提供來自世界各地的美食，像泰國、印度、韓國、土耳其等國，用餐空間舒適。一旁還有「星巴克」，你可選擇坐在露天陽台享用咖啡、邊曬太陽、邊欣賞芭達雅灣椰林搖曳、旅人戲水的度假畫面。至於購物廣場大門的特殊造景是一架紅色飛機撞進建築裡，也成為最令人印象深刻的回憶。

Data 　🏠 218 Moo 10, Beach Rd., Pattaya 　📞 +66-3-871-0297
　🕚 11：00 ～ 22：30 🚐 換乘雙條車前往
　🌐 www.facebook.com/RoyalGardenPlazaPattaya

PATTAYA 21航站購物中心
Terminal 21
最適合拍照卡的人氣百貨

　　位於芭達雅的 Terminal 21 購物中心，百貨風格延續了曼谷的機場航廈設計，除了在百貨內可環遊世界，更在購物商場大門停放了一架真正的飛機，讓這座購物商場開幕後即受到大批顧客青睞，逛街人潮絡繹不絕。商場設計是將每一樓層規劃出一個國家的主題。共可區成 G 樓巴黎、M 樓倫敦、1 樓義大利、2 樓東京、3 樓舊金山、4 樓好萊塢，共 6 大風格主題。因此在不同樓層逛街皆能看見不同的裝置風景。

　　若從 GATE2 進入賣場，廣場前會看到一名旅人拖著滿滿行李箱的有趣人型，進入大門後為直達 3 樓的手扶電梯，每一家店都各自擁有寬敞的店面，讓旅人逛街購物更加方便。若是來到巴黎這一區域，印入眼簾是高聳明亮的巴黎地標，巴黎鐵塔矗立於眼前。由於鐵塔頂端已靠近天花板，鐵塔上散發著迷人的光芒，充滿國際時尚感。另一側為蒙馬特畫家村，來這裡記得一定得拍照做紀念。

　　另外來到義大利區域就會見到比薩斜塔等，如果是 M 樓就是英國最令人印象深刻的紅色雙層巴士，還有那舊金山金門大橋也懸掛在半空中。3 樓美國舊金山最具盛名的當然是漁人碼頭，該層樓也是 Terminal 21 的美食街，在這裡可見到正曬著日光浴的海獅們，造景生動逼真。

　　商場裡充滿讓人不停拍照的各國元素，質感都做得非常細膩，讓人不得不佩服 Terminal 21 的經營者如此用心。重點是商場聚集了所有旅人需要的吃喝玩樂等各種內容，以及不用去外面曬太陽就能達成的心願，PATTAYA 的 Terminal 21 的出現，確實讓 PATTAYA 的旅遊方式有了明顯改變。

Data

🏠 456, 777, 777/1 Village No. 6 Naklua Subdistrict Bang Lamung District Chonburi, 20150
📞 +66-33-079-777 🕐 11：00 ～ 22：00 🌐 www.terminal21.co.th/pattaya/en/home-en/
🚌 搭乘環狀嘟嘟車於 Terminal 21 下車

步行街
Walking Street
五光十色的芭達雅夜生活

　　芭達雅根本就是逛街天堂，店面一家緊鄰一家，常讓人逛到腿軟，而這條專為旅人所規畫的「Walking Street」，更是必走的一條街。這條街因只提供給旅人行走，汽車禁止通行，逛起來更加安心。

　　「Walking Street」可說是芭達雅這座不夜城五光十色的縮影，一進入這條街，就會聽見震耳欲聾的音樂，街上多家開放式酒吧為了拚生意，音量愈開愈大，只見露天酒吧裡的泰國女歌手，配合Live Band唱著震撼力十足的英語歌曲，聽者也不自覺跟著歌聲搖擺身體，非常建議來這裡聽聽歌，喝喝啤酒，享受最快意的熱鬧夜晚。

　　街道兩旁的招牌霓虹閃爍，除了酒吧及Pub，靠近海邊這一頭還有多家大型海鮮餐廳，店門口以大龍蝦或活魚來吸引顧客上門，只不過在吃之前得先問清楚價錢，以免惹來一肚子氣。街上也有不少家A GO GO BAR，通常也是鋼管酒吧，女服務生穿

　著性感制服在街上攬客,酒吧內春色無邊,想一探究竟滿足好奇心也行,但身為旅人仍得謹慎為妙。

　　除了有夜店與酒吧,街上還有家泰拳表演場,站在門口就能看到免費表演。另外,也有不少街頭藝人的演出,常吸引旅人駐足欣賞。街上不少小吃攤販,像是烤肉、椰子水、香蕉煎餅等,可填補夜晚肚皮突如其來的空虛。

　　整條街大概半小時可走完,最後端則有幾家高級酒店,也可由此前往格蘭島的乘船處。或許你會感覺這條街有點亂,但為了維護旅人安全,街上有不少警察在巡邏,安全上應是沒問題的。

Data

⌂ Walking St., Muang Pattaya, Amphoe Banglamung, Chonburi

🚗 搭乘雙條車前往

213

四方水上市場
Pattaya Floating Market
淤積河道搖身變為南洋風寶庫

　　為了不讓曼谷的水上市場專美於前，芭達雅也有了這座四方水上市場（Pattaya Floating Market，又稱錫攀水上市場）。面積或許不及曼谷「Damnoen Saduak Floating Market」的規模，但該有的都有，這裡可乘船、購物、吃美食或玩遊戲，成為芭達雅的玩樂新據點。四方水上市集的位置本是一條淤積的河道，經政府動工規畫後而成為眼前設施完善的景點。進入水上市場時會看見入口有座「象神格涅沙廟」在此鎮守，放眼望去，湖泊上蓋了許多泰式木造高腳屋，並以木造小徑連接，逛起來別

有趣味，湖中央的小島還種植椰子樹，營造南洋風情。

　　這座水上市場共有一百多家店鋪，讓人體驗尋寶的樂趣。像是專賣手作紀念品、泰國兒童玩具店，還有更多泰式紀念品店販售如泰式木雕、手作包包、泰式風鈴、生日紀念杯、泰式線香精油、沙龍等。其中有一家頗具規模的伴手禮專賣店吸引了我，店裡有熱門的芒果乾、椰子餅、肉鬆餅等，以及泰國知名零嘴小老闆海苔、Koh-Kae 大哥花生豆專賣店，買來送禮或自己邊吃邊玩都很不錯，逛累了肚子餓，記得吃碗泰式米粉湯，最好能搭配一杯泰式奶茶，這一餐才能算過關。

　　除了逛高腳屋裡的小店，也得照顧在船上做生意的船家，他們把船固定在岸邊，販賣鵪鶉蛋煎餅、香蕉煎餅、烤肉串等泰式點心，現點現做吃起來挺可口。如果逛到腿痠，可以到按摩店好好款待雙腳，或選擇搭乘小木船優遊河面上，都是在四方水上市場輕鬆愉快的玩樂方式。

Data
⌂ 451/304 Moo 12, Sukhumvit Rd., Nongprue, Banglamung, Chonburi
☎ +66-88-444-7777 ⏰ 09：00 ～ 20：00 ⊕ www.pattayafloatingmarket.com
🚗 建議包雙條車前往，車資約 300 泰銖

文青漫遊.

在過去與現在之間徜徉

芭達雅給人的形象總是陽光、沙灘、熱情、奔放，但其實在這個滿布樂活氛圍的地方，也藏著一絲令人動容的歷史。有寶石商人捐獻給泰皇的巍巍佛像，由獨立山勢山壁刻畫而成，讓人回想起泰國前國王拉瑪九世深受民眾的愛戴。

七珍佛山紀念公園
Wat Khao Chee-chan
瞻仰金線刻畫的巍然大佛

　　來到「七珍佛山紀念公園」（Wat Khao Chee-chan）時，會被這尊刻畫在高兩百多公尺山上的佛像所震攝，這尊佛並非立體造型，是藉由獨立山勢半面山壁刻畫而成。以金條打造的釋迦牟尼佛佛像，據說蘊含7種顏色的寶石，祂端坐蓮花座，以一種安然自在的神情俯瞰芸芸眾生，而來到這裡的旅人們，則是仰望尊貴的佛祖，宛如被庇佑般。當地民眾也很喜歡到這處公園祈福，因為他們深信這座神山會有很好的磁場，多來這祈福自然能擁有平安健康。

　　這座七珍佛山曾為一名寶石商人所有，他是名虔誠佛教徒，於是他就利用經商所得來購買這座山及周邊的廣大土地，並贈送給人民相當愛戴的拉瑪九世，而拉瑪九世也將民眾贈與他的大量黃金，用來打造這尊巨大雄偉的釋迦牟尼佛像，希望能為泰國帶來祝福。

　　不過在建造這尊佛像時曾遭遇不少困難，最後是由一位義大利工程師想出方法，先將七珍佛山削除一面山壁後，再以雷射雕刻出佛像整體外觀，最後再將黃金鑲入，而成為眼前金光閃耀的佛像。佛像前胸還有尊以七彩寶石鑄成的小佛像，這也成為七珍佛山名字的由來。來這裡除了可仰望佛陀，還可購買香束膜拜祈福，上香前會發現一旁也有座以石頭雕刻而成、袖珍版的七珍佛山模型，風格同樣莊嚴。

Data

⌂ Na Chom Thian, Sattahip District, Chonburi

🕒 06：00～18：00

🚗 交通不便，可於芭達雅市區包雙條車前往，車資約400泰銖

風情旅宿.

充飽電後再出發

在充滿濃厚海洋度假氣息的芭達雅，飯店的設計通常也以休閒為主要走向，除了多數配有吸引人的游泳池之外，餐點也不容小覷，有豪華的海鮮BBQ晚餐，也有豐富精緻的早餐。讓所有旅人都能在得到充足休息後，再迎向令人傾心的美麗芭達雅。

黃金海酒店

Golden Sea Pattaya Hotel
簡單高雅的實惠選擇

　　黃金海酒店（Golden Sea Pattaya Hotel）是想省荷包的朋友可選擇的酒店，住宿價格很實惠，也因為這個誘因而吸引了旅行團入住，酒店為了避免自由行的人被打擾，會盡量將其安排在不同樓層做區隔。

　　大廳寬廣，還擺放數張藤製沙發供旅人休息。至於房間內部乾淨整潔，該有的家具都有，鵝黃色牆面搭配泰式雕刻形成空間視覺焦點也是許多飯店常會採用的基本設計，每間客房也都有陽台。如果有優惠，每晚可能低於千元泰銖。

　　至於許多旅人在乎的泳池，黃金海酒店同樣具備，規模雖小，但也足夠消暑。飯店所提供的早餐為自助餐式，菜色算多，有火腿、煎蛋、三明治、熱狗、蔬菜等，跟較高檔的飯店差異不大，只不過若同時遇到團客用餐，就無法避免搶食戲碼，建議可稍晚一點再用餐較舒服。

Data

⌂ 316/152 Moo 10, Chalermprakiat Rd. (Pattaya 3rd Rd.), Soi Chalermprakiat 33, Nongprue, Banglamung, Chonburi ☎ +66-38-052-331 ⊙ Check in／14：00～00：00；Check out／12：00 前 $ 一晚1,000泰銖起 ⊕ www.goldenseapattaya.com／ 🚌 搭乘雙條車或包車前往

芭達雅中心點飯店
Grande Centre Point Pattaya
充滿海洋元素的親子飯店

　　若想徹底在 Terminal 21 購物中心血拚，十分推薦入住與商場連通的 Grande Centre Point Pattaya 中心點飯店這家飯店，那所有吃喝玩樂的問題都解決了。飯店地理位置便利，走出去五分鐘便能抵達海邊，飯店對面即是知名的 TIFFANY 人妖秀表演場地。

　　中心點飯店主題風格為海洋，在入住時就會發現大廳的天花板垂掛的藝術品與地毯，皆採用大量藍色及海洋元素。這家飯店價格落在 3000 泰銖一晚，但是否為入住海景房，價格也會有差異。

　　由於是全新飯店，所以遊樂設施部分規劃完善，像高空水上樂園、游泳池、空中草地散步步道、海洋風遊戲室、高空景觀餐廳。甚至連透明的高空步道也有，能訓練一下自己膽量，芭達雅中心點飯店是一家適合親子共遊的飯店。

　　至於客房的設計，走著簡單清爽的風格，搭配上散發藍色光線的天花板，在炎熱的芭達雅，讓人有種沁涼的感受。到了夜晚，天花板還會轉變成會閃爍星斗的夜空，真的很喜歡這樣的設計巧思。這間飯店最令人醉心之處是窗外的陽台位置，由於飯店

地勢高，坐在這裡便能遠眺附近的美景，將芭達雅碧海藍天的景致盡收眼底。望向海洋時，還會看見許多正在海上玩著拖曳傘或水上摩托車的人，內心立刻充滿度假感受。

芭達雅中心點飯店提供的早餐也值得推薦，寬敞的用餐區分為室內及室外，提供不同旅人的用餐需求。採自助式早餐，每一個區塊都有各自的餐點，最喜愛這家餐廳的泰式米粉湯區，有專人現煮米粉湯還能自行添加多種調料，蛋料理區也十分豐富，最後是飲料吧！餐廳有專人現做泰式奶茶、泰式咖啡等，這對於來泰國旅遊的旅人實在太貼心，建議全都喝一輪才過癮！

Data

⌂ 456, 777, 777/1 M.6 Na Kluea, Bang Lamung, Pattaya, Chonburi, 20150
☎ +66-33-168-999 🌐 www.grandecentrepointpattaya.com/
🚌 搭乘環狀嘟嘟車於 Terminal 21 下車

A-One The Royal Cruise Hotel Pattaya

住進陸地上的豪華遊艇

A-One皇家遊艇飯店（A-One The Royal Cruise Hotel Pattaya）位於芭達雅中央區（Central Pattaya），飯店外觀因打造成兩艘遊輪而相當吸睛，飯店門口即是專屬泳池，白天總有不少旅人在池裡游泳戲水，池畔以一整排的椰子樹當遮蔭，充滿度假氛圍，而成為引人矚目的地標。

此外，A-One位於芭達雅海邊路上，交通十分便利，對面就是海灘，吸引了許多想更近距離欣賞海景的旅人入住。飯店迎賓大廳寬敞，還有

擺設許多座椅供旅人休息，至於房間陳設，同樣也是刻意營造出遊輪風情，以藍白為主要配色，床罩組使用海軍風的藍白搭配，而落地窗的窗簾，也採用同色系列，彼此呼應。此外，牆面上也採用幾款航海的設計，點出飯店特色，如圓形的救生圈鏡面、刻意製作的圓形氣窗……，使人感覺像是住在遊輪內。

為了吸引更多外來客前來用餐，每到黃昏，飯店餐廳 FatCOCO 提供豐富料理，奢華的龍蝦等海鮮食材與牛排，全都是炭火上的美味餐點，烤肉香氣隨著海風自然地飄散到街上，果真吸引不少旅人聞香而來。A-One 皇家遊艇飯店並非豪華飯店，但以地理位置、房間設計與早餐餐點來說，算是 CP 值頗高的旅店了。

Data

⌂ 499 North Pattaya Beach Rd., Pattaya, Chonburi ☎ +66-38-259-555 ⏰ Check in／14：00～00：00；Check out／12：00前 $ 一晚2,200泰銖起 🌐 www.a-oneroyalcruisehotel.com/ 🚌 搭雙條車或包車前往。

檳榔洛奇飯店
Areca Lodge Pattaya
每間房都有陽台可賞美景

Data

☖ 198/21, 198/23 Moo 9, Soi Diana Inn, Pattaya Sai Song Rd.,
Nongprue, Banglamung, Chonburi ☏ +66-38-410-123 ◷ Check in／
14：00～00：00；Check out／11：30 前 ＄ 一晚 1,700 泰銖起
⊕ www.arecalodge.com／◈ 搭雙條車或包車前往

　　檳榔洛奇飯店（Areca Lodge Pattaya）無論是地理位置、房間大小、飯店設施、餐點，都是 CP 值很高的飯店。芭達雅的巷弄很多，這間飯店雖位於巷弄內，但大門頗有氣勢，走入飯店後，迎面而來是挑高又充滿泰式風情的迎賓廳，中央的原木地板上還擺設沙發，坐在這裡休憩能夠感受很輕鬆的氛圍。至於大廳外即是一個具有按摩功能的小型橢圓狀游泳池；一旁還有健身中心，如果想運動一下，就可選擇這裡。

　　客房乾淨寬敞，有多種房型，每間房皆有陽台，可以坐在陽台欣賞風景。除此之外，在飯店後面有另外一處更大型的建築物與泳池，這裡的房間也是面向泳池，整家飯店占地頗大，大泳池區的客房似更頗受外國人青睞，泳池也幾乎是外籍旅人使用。而飯店搭配的早餐相當豐富，菜色種類絕對能吃很飽，以 2,000 泰銖的價格來說，在芭達雅算是還不賴的飯店。

八月飯店
August Suites Pattaya
位在市場旁的絕佳交通優勢

　　八月飯店（August Suites Pattaya）是家交通十分便利的飯店，以每晚價格不到2,000泰銖來說，也是很划算的選擇，只要步行約10分鐘路程，就能抵達芭達雅海灘。雖然只有79間客房，不過該有的公共設施它都具備。

　　其中長方形的戶外泳池，讓人能很輕鬆的游泳或曬太陽，泳池旁還有座尖頂小涼亭，也能選擇在屋簷下打盹，享受舒適的度假滋味。客房空間明亮、潔淨寬闊，純白色的牆面搭配原木背板，散發一股淡雅的泰式風情；一旁還有個小沙發供休憩看電視。每間客房都擁有面向泳池的陽台，拉開窗簾就能讓陽光灑滿室內。

　　早餐的供應方式為點選式，服務人員會先詢問你的早餐套餐選擇，現點現做。而飯店旁是菜市場，攤位上販賣物美價廉的新鮮水果，我習慣於早餐後先到市場購買芒果、椰子、山竹等當地水果，放在飯店冰箱裡，等到晚上回房就能大啖冰涼的水果大餐。

Data
🡒 111/43 Moo 9, Central Pattaya Rd., Pattaya
📞 +66-38-420-003-4 🕐 Check in／14：00～00：00；
Check out／12：00 前 $ 一晚 1,500 泰銖起
🌐 www.augustsuites.com／🚌 搭雙條車或包車前往

泰式享樂●

度假的真諦不過如此

在蔚藍的沙灘上盡情玩耍，倘徉在清涼的海水之中，玩著刺激無比的香蕉船、大膽嘗試拖曳傘飛到空中、騎著水上摩托車在海上瘋狂奔馳，是芭達雅令人難以忘懷的原因。與各種動物一起玩耍、體驗最神祕又特殊的人妖文化，是這個度假勝地帶給旅人的最美回憶。

芭達雅中天海灘
Jomtien Beach
幽靜不喧嘩的悠然海灘

芭達雅海灘路是芭達雅最熱鬧的地區，但若你想去旅人較少、安靜些的海灘放空，則可選擇到南芭達雅的中天海灘（Jomtien Beach）。這裡的海岸線又直又長，整排椰子樹隨風搖曳，營造南洋度假感，來到這個區域玩水、曬太陽，絕對會感覺舒服許多。

在沙灘上可見到不少外國旅人，或游泳或戲水，有的鋪條海灘巾、穿著比基尼享受日光浴。沙灘上也有許多租借躺椅的店家，你可以租張躺椅小憩或看夕陽，也能玩玩刺激的香蕉船、水上摩托車。不少小販會向你推銷食物或紀念品，只要拒絕就沒什麼問題。有些旅人喜歡在沙灘上按摩、綁辮子、畫刺青、做指甲，享受不一樣的沙灘美容樂趣。若想要玩更刺激的水上活動，附近的「卡通頻道水上遊樂園」（Cartoon Network Amazone）是個熱門景點，以卡通為主題的樂園，擁有多達30種超刺激的滑水道，還有人造海浪、娛樂表演與美食廣場，有空不妨high一下！

由於中天海灘距離熱鬧的芭達雅海灘路有段距離，可選擇搭乘雙條車抵達，最方便就是包車前往，而中天海灘最大的特色，就是人少一點、喧嘩聲小一點，以及遇到旅行團客的機會小一點，但光這幾項優點，即便要特地搭車來這裡，也值回票價了。

Data

芭達雅市區以南約3公里。

從芭達雅市區搭乘雙條車前往，或包車車資約300泰銖

格蘭島
Koh Larn Island
盡情享受各種水上活動

　　有些旅人認為芭達雅被過度開發，沙灘總擠滿觀光客，還有兜售商品的小販不斷穿梭推銷，打擾了在海邊度假戲水的樂趣，所以搭船前往不遠的格蘭島（Koh Larn Island）玩水成為熱門的選擇。而且雖然格蘭島距離芭達雅不遠，但海水與沙灘的乾淨程度卻是芭達雅無法比擬。

　　走進Walking Street後，只要步行約15分鐘，就會見到乘船碼頭「PATTAYA PORT」。碼頭旁可見許多私人船公司，也經營前往格蘭島等地區的服務，但船票價格較高。若要搭乘公營船得繼續往前走，走至連

結海邊的天橋有船隻停泊處，費用為30泰銖，每天會有4班船往返芭達雅，需要先確認回程時間。

　　搭乘雙層交通船，約莫1小時航行時間就可抵達格蘭島，格蘭島上有幾處沙灘，大部分旅人會前往塔瓦恩海灘（Tawaen Beach），塔瓦恩海灘由於距離碼頭最近，且海灘面積最寬廣，目前是最多旅人前往玩水的地點。若想去其他海灘，在港口可搭乘雙條車前往如薩美海灘（Samae Beach），那裡旅人較少，水質也相當清澈，評價不錯。

　　在燦爛的陽光下，這片海洋美麗清澈，湛藍的海水令人心曠神怡，想直接飛奔撲進大海的懷裡。塔瓦恩海灘上，有許多出租陽傘的店家，價格年年看漲，目前租用一天為100泰銖，在陽傘下擺放好自己的包包、更換泳衣後，就能在這細緻又白淨的沙灘上開心玩水，或花錢去享受像香蕉船、拖曳傘、水上摩托車等過癮的水上活動。

　　基於安全考量，海面上有用安全繩索規範出玩水區域，才不會讓水上活動影響到戲水旅人的安全，這點相當重要。除了玩水，沙灘後方有一整條購物街，街上有多家餐廳等著接待玩累的旅人，店家常會將新鮮的海鮮擺放在外頭吸引客人上門，商店街上還販賣很多類型的紀念品，可以很隨性的逛逛。

東芭樂園
Nong Nooch Village
在植物的環繞中與象共舞

　　位於芭達雅東南方的「東芭樂園」（Nong Nooch Village），占地二百多公頃，因為園區裡有大象表演秀，而成為旅人喜愛造訪的知名景點。這是一座複合式文化村，進入園區就有大象在此迎接旅人，樂園還規畫蝴蝶區及蘭花區，這裡的蘭花被照料得很漂亮，不同品種的蘭花在此爭奇鬥豔，而蝴蝶區也可見到不少蝴蝶飛舞，成為非常特殊的景觀。

　　「東芭樂園」內的傳統博物館，主要介紹泰國文化、傳說、民俗信仰等等，規劃固定場次提供旅人進入「泰國文化秀劇場」看表演，一開始舞台上是身著泰國傳統服飾的舞者，在台上跳著泰國舞蹈，大夥舉手投足、整齊劃一，很賞心悅目。緊接著是緊張刺激的泰式拳擊秀，但過程又不時穿插搞笑橋段，惹得觀眾哄堂大笑。最後登場的表演陣仗更大，主要

敍述泰國與緬甸戰爭的故事，兩頭大象穿著戰袍對戰，坐在大象上的軍人也以長劍攻擊對方，搭配緊湊音樂，看來相當過癮。

但不管怎麼說，在東芭樂園裡，最受旅人青睞的仍是聰明的大象們，樂園規畫出一大片空地供象群奔跑，牠們身著不同顏色的隊服，分組踢足球較勁，命中目標時，會贏得觀眾熱烈掌聲。這群大象還會用鼻子捲起畫筆作畫，雖然看不懂牠們的傑作，但也贏得滿堂彩，大象作畫T恤還在現場銷售。

為了讓象群能與旅人互動，表演中會邀請旅人與大象一起玩樂，大象早已熟悉演出內容，會故意用象鼻去處碰旅人敏感處，搞得大家哈哈大笑。此外，牠們還會做旋轉、跳舞、拜年、投籃球等高難度動作，不愧是園區裡最閃耀的明星。

根據園區人員表示，象群在早期是負責搬運柚木，由於時代變遷才轉做才藝表演。看著牠們生動有趣的表演，彷彿天生該吃這行飯，表演結束後，現場會有叫賣香蕉的工作人員，如果你喜歡牠們的表演，請買點香蕉犒賞牠們，有香蕉吃的大象會非常開心。園區內的造景也挺漂亮，有許多值得拍攝的景點，行前可以在KKDAY、泰國姊妹花、曼谷幫、國內各大旅行社等處先行購票較優惠。

Data

🏠 34/1 Moo 7, Najomtien District, Sattahip, Chonburi 📞 +66-38-238-061 🕐 08：00～18：00 💲 外國旅人門票 500 泰銖（不含表演）／本地人與持有泰國駕照的外國旅人 300 泰銖／外國旅人門票＋表演 800 泰銖 🌐 www.nongnoochtropicalgarden.com/ 🚗 從芭達雅市區包車前往，車資約 400 泰銖

蒂芬妮人妖秀
Tiffany's Show
比女人還要女人的人妖秀

　　來到芭達雅，切記一定要把泰國歷史最悠久的蒂芬妮人妖秀（Tiffany's Show），排入旅遊行程內，因為你將見識到比女人還女人的精采表演。泰國人妖代表著泰國特有的文化與風俗，昔日當地人也曾排斥這群原為男兒身，後來變成美麗的人妖姊妹們，認為他們違反善良風俗；但隨著泰國社會開放及接受度愈來愈高，在路上經常會見到身材高挑、面容姣好的人妖。

　　成立於1974年的蒂芬妮人妖秀，營業至今已有超過四十年歷史，起初以模仿美國百老匯歌劇為主，之後才漸漸走出自己的演出風格。表演節目從晚間開始，全長75分鐘，建議自由行的朋友，可先在國內旅遊網站購票，因為票價與現場購票差異極大。蒂芬妮人妖秀表演場地很華麗，像棟典雅的城堡，入內到二樓後可喝杯汽水，時間到才開放進場。由於節目

Data

⌂ 464 Moo 9, Pattaya 2nd Rd., Nongprue, Banglamung, Chonburi ☎ +66-84-362-3287 ⏰ 第一場次18：00～19：15／第二場次19：30～20：45／第三場次21：00～22：15 $ 標準席900泰銖／VIP席1,300泰銖／豪華VIP席1,600泰銖；可在台灣各大旅行社、KKDAY、泰國好姐花、曼谷幫以優惠價格購買 🌐 www.tiffany-show.co.th/ 🚗 搭乘雙條車前往

不希望內容外流，所以會一再強調不可拍攝，只不過現場常有人想偷拍，因此不斷引來工作人員制止，會稍微影響到欣賞品質。

　　節目的場景非常華麗，配上國際劇院級的燈光音效，視覺上得到十足的享受。數十位身材凹凸有緻、面容漂亮的人妖，穿著特製華麗誇張的舞服，相當吸睛。隨著歌曲舞蹈結束，場景就會立刻變換，聲光效果十足的表演，毫無冷場。為了增添效果，表演中還會找丑角登場，並挑選席上的觀眾上台一同搞笑，也成為非常有趣的橋段。由於目前人妖秀觀眾多為華人，故在曲目及舞蹈表演上也增加華語歌曲，獲得觀眾更熱烈的迴響。

　　精采又華麗的節目結束後，旅人會來到舞台前，此時剛剛在台上豔麗四射的人妖們，早就架勢十足地等著與旅人拍照賺小費，當聽到他們講話招呼旅人時，粗粗的嗓音會讓人頓時清醒，想起他們原為男兒身。此外，蒂芬妮人妖秀為了讓人妖能更加正名，每年還會舉辦「Miss Tiffany's Universe」選美大賽，被選上的人妖就會身價暴漲，成為他們飛上枝頭變鳳凰的大好機會。

Khao Kheow Open Zoo

近距離餵食可愛動物

　　占地250萬坪的「綠山動物園」（Khao Kheow Open Zoo），地點位在曼谷與度假勝地芭達雅之間，是目前人氣很夯的動物園。動物園不僅地域廣大，園區裡的動物種類更多達300種，總數量高達8000隻。園區規畫多樣可以餵食的動物，對於總是只能遠遠觀看動物的大小朋友來說都顯得新鮮。

　　動物園大門附近有許多販賣蔬果的攤販，提醒可先在此購買一整袋蔬果，價格大約是3包50泰銖，袋子裡有四季豆、黃瓜與芭蕉等等，相當便宜，只不過可別直接吃起袋內的芭蕉，如果全都吃光了，那待會動物可就沒得吃了。

　　由於「綠山動物園」腹地廣大，旅人可搭乘遊園車進入餵食區域（也可租借高爾夫球車遊園），首先抵達的是綿羊區，旅人可進入柵欄裡餵食，

活潑羊寶寶會追著小朋友手上的食物跑。緊接著是企鵝館，超小隻的企鵝模樣乖巧，走路還搖搖晃晃，贏得最多人掌聲。接著來到湖畔，這裡接待旅人的是貪吃的鹿群，牠們爭先恐後的搶食旅人手上的四季豆，連大人也會被追著跑，畫面非常有趣。

餵完鹿群後，來到河馬區，必須動作精準的把黃瓜扔進正張著大口的河馬嘴裡，這看似簡單的投籃動作其實很難，黃瓜落地會感到相當扼腕。最後是長頸鹿，這可真是我頭一回餵長頸鹿，抓緊機會跟牠們來個近距離接觸，過程中每個旅人都非常開心，還有大象、犀牛、猴子……等著餵食，所以切記得好好分配手上食物。

除此之外，動物園還有動物表演秀可看，像是白老虎爬樹、老虎游泳、動物走鋼索、小海獅游泳……，表演不需要人類主持，動物似乎熟練的知道誰該上場，一隻接一隻的演出，令場中觀眾看得大呼過癮。逛累了，園區裡也有賣餐點，如果肚子餓不妨去找些吃的，畢竟看動物狂吃的旅人，也因走了很多路而饑腸轆轆，需要飽餐一頓。

Data

🏠 235 Moo 7, Tambon Bang Phra, Amphur Sriracha, Chonburi ☎ +66-38-318-444 🕐 08：00～17：00 $ 成人300泰銖，兒童150泰銖 🌐 www.kkopenzoo.com/ 🚌 從芭達雅市區包車前往，車資約300泰銖

1.計程車

是舒服又便利前往芭達雅的一種交通方式，計程車價格調整為 1,500～1,800 泰銖，最多可 4 個人一起搭乘，計程車可先上網預約。

🌐 ww1.pattaya-taxi.com/

2. Bell Travel Service 巴士

這間是外國旅人常搭的 Bell Travel Service 巴士公司，必須在網上預約人數及時間，每人 300 泰銖，這家巴士公司在機場並無櫃台，只有工作人員手拿 Bell Travel Service 牌子，可以直接從曼谷蘇旺納蓬機場直接前往芭達雅，但需特別注意機場巴士終點站為中天海灘北端的購物中心旁，不會進入中央芭達雅海灘區域，必須再轉搭雙條車。

🌐 www.belltravelservice.com/

3.巴士

搭乘 BTS 於 Ekamai 站的 2 號出口出站，往右轉就會看見曼谷巴士東站（Bangkok Bus Terminal Eastern），由於車站售票窗口上都有泰文與英文相對照，所以只要看到 Pattaya 就對了，買票時對方會告知你乘車時間及後方乘車位置，車票上也會載明搭乘座位號碼。有冷氣的巴士，往返曼谷的票價目前為 119 泰銖，車次為 30 分鐘一班，乘車時間約為 2 小時，若遇到塞車也可能到 3 小時，如有大件行李則可放在巴士下方置物區。

巴士前方會寫著 BANGKOK 與 PATTAYA 字樣，淺顯易懂。

抵達芭達雅之後，會有許多雙條車等待著旅人，只需要跟對方說住的飯店名稱，等到乘坐人數滿後，就會出車，費用每人為 30 至 50 泰銖。要返回曼谷時，就回到該巴士站，搭車前往 Ekamai 捷運站方向即可。

芭達雅巴士站站內景色。

4. 火車

目前週六、日及國定假日，將有火車從曼谷前往芭達雅，預計上午06：30從曼谷出發，09：00抵達；回程時間為下午15：50離開芭達雅，下午18：50抵達曼谷，途中會經過6個停靠站。

☎ +66-220-4444
🌐 www.railway.co.th、www.thailandrailway.com

5. EEC高鐵

曼谷將會有新高鐵出現。旅人從曼谷蘇旺納蓬機場搭乘高鐵至芭達雅只要60分鐘，票價預計為423泰銖，高鐵全線將會經過9個站，包括 Don Mueang Airport（廊曼機場站、Bang Sue（曼谷的挽蘇站）、Makkasan（曼谷的麥加山站）、Suvarnabhumi Airport（蘇旺納蓬機場）、Chachoengsao（北柳站）、Chon Buri（春武里站）、Sriracha（是拉差站）、Pattaya（芭達雅站）、U-Tapao（烏塔堡機場站）。將是旅人從機場前往芭達雅另一項方便的選擇。

同場加映

芭達雅市區交通──雙條車

芭達雅市區主要交通工具為走環線的雙條車，隨招隨坐，下車按鈴，不須詢問價錢，直接給司機20元泰銖即可；但若是包車去特定地點（例如、中天海灘、七珍佛山等），建議先與司機溝通喊價再搭車前往。

曼谷巴士東站站內有簡單的賣店，可購買坐車時的用品與食品。

分區景點索引

Subdivision Attractions INDEX

CHAPTER 7

照著各區景點分類，邊吃邊玩，安排行程最方便！
QR code一掃就找到方向，四通八達不迷路！

曼谷市區

BTS

Siam 站 轉換站

暹羅發現
（P.57）

暹羅百麗宮
（P.62）

暹羅中心
（P.64）

暹羅廣場
第一商場
（P.66）

Chit Lom 站 E1

蓋頌生活
購物廣場
（P.67）

中央世界
購物中心
（P.68）

密西中心
（P.84）

四面佛
（P.99）

水門市場
（P.92）

NARA Thai
Cuisine
（P.125）

MK
（P.122）

E2
Phloen Chit 站

盛泰領使
商場
（P.70）

建興酒家
（P.126）

E3
Nana 站

E4
Asok 站

素坤逸曼谷
公寓
（P.108）

Dairy Queen
（P.119）

航站 21
購物中心
（P.74）

瑞享飯店
（P.105）

美蒂雅飯店
素坤逸18巷
（P.110）

格樂麗雅
10飯店
（P.112）

曼谷18街
麗亭酒店
（P.115）

格樂麗雅
12飯店
（P.116）

E5
Phrom
Phong 站

The
Emporium
（P.78）

The
EmQuartier
（P.80）

E7
Ekkamai 站

ROAST
（P.124）

Health Land
（P.138）

N3
Victory
Monument 站

曼谷鉑爾曼
皇權酒店
（P.106）

飛機
創意市集
（P.96）

恰圖恰週末
市集
（P.86）

帕彭夜市
（P.90）

泰拳秀
（P.135）

Sompong Thai
Cooking School
（P.136）

曼谷藍象
餐廳
（P.136）

TCDC 泰國
創意設計中心
（P.102）

臥佛寺傳統
按摩學校
（P.140）

臥佛寺
（P.149）

鄭王廟
（P.143）

大皇宮
（P.144）

玉佛寺
（P.146）

河濱夜市
（P.154）

昭披耶河
公主號
（P.157）

W1
National
Stadium 站

群僑
商業中心
（P.82）

考山路
（P.95）

BACC 曼谷
藝術文化中心
（P.100）

8 番拉麵
（P.120）

G1
Charoen
Nakhon 站

暹羅天地
購物中心
（P.58）

MRT

Bang Phi 站

水門寺
金色大佛
（P.152）

曼谷郊區

大城直轄縣
Phra Nakhon Si
Ayutthaya

大城
水上市場
（P.170）

大城
黃昏市集
（P.168）

瑪哈泰寺
（P.176）

古皇城區
樹中佛
（P.177）

羅卡雅
蘇塔寺
（P.178）

莞芭茵夏宮
（P.180）

拉瑪二世
紀念公園
（P.186）

拷龍穴
（P.184）

丹嫩莎朵縣
Damnoen
Saduak

丹嫩莎朵
水上市場
（P.166）

挽坤弟縣
Bang Khonthi

天主聖堂
（P.179）

夜功直轄縣
Mueang Samut
Songkhram

安帕瓦
水上市場
（P.165）

美功
鐵道市場
（P.172）

七岩縣
Cha-am

拷汪宮
（P.182）

小瑞士牧場
（P.200）

愛與希望
之宮
（P.198）

北欖直轄縣
Mueang Samut
Prakan

古城76府
（P.191）

華欣
Hua Hin

華欣火車站
（P.202）

芭達雅

蒂芬妮
人妖秀
（P.232）

綠山動物園
（P.234）

A-One 皇家
遊艇飯店
（P.222）

八月飯店
（P.225）

芭達雅
中心點飯店
（P.220）

邁克
購物中心
（P.205）

尚泰芭達雅
海灘購物中心
（P.206）

步行街
（P.212）

皇家花園
購物廣場
（P.208）

格蘭島
（P.228）

檳榔洛奇
飯店
（P.224）

黃金海酒店
（P.219）

芭達雅
中天海灘
（P.227）

四方
水上市場
（P.214）

東芭樂園
（P.230）

PATTAYA 21
航站購物中心
（P.209）

七珍佛山
紀念公園
（P.217）

曼谷
輕旅行

Jaunt of Bangkok

從購物、文創、美食、景點走訪曼谷
Explore Bangkok from Shopping, Cultural Creation, Food & Attractions

書　　名	曼谷輕旅行：從購物、文創、美食、景點走訪曼谷	
作　　者	蔡志良	
編　　輯	莊旻嬑（改版）；鄭婷尹、林憶欣、翁瑞祐（初版）	
美　　編	羅光宇（改版）；劉錦堂（初版）	
地圖繪製	羅光宇（改版）；劉錦堂（初版）	
發 行 人	程安琪	
總 策 劃	程顯灝	
總 編 輯	盧美娜	
美術編輯	博威廣告	
製作設計	國義傳播	
發 行 部	侯莉莉	
財 務 部	許麗娟	
印　　務	許丁財	
法律顧問	樸泰國際法律事務所許家華律師	
藝文空間	三友藝文複合空間	
地　　址	106 台北市安和路 2 段 213 號 9 樓	
電　　話	（02）2377-1163	
出 版 者	四塊玉文創有限公司	
總 代 理	三友圖書有限公司	
地　　址	106 台北市安和路 2 段 213 號 9 樓	
電　　話	（02）2377-4155、（02）2377-1163	
傳　　真	（02）2377-4355、（02）2377-1213	
E - m a i l	service@sanyau.com.tw	
郵政劃撥	05844889 三友圖書有限公司	

總 經 銷	大和圖書股份有限公司
地　　址	新北市新莊區五工五路 2 號
電　　話	（02）8990-2588
傳　　真	（02）2299-7900
初　　版	2023 年 08 月
定　　價	新臺幣 398 元
I S B N	978-626-7096-46-8（平裝）

國家圖書館出版品預行編目（CIP）資料

曼谷輕旅行：從購物、文創、美食、景點走訪曼谷 / 蔡志良作. -- 初版. -- 臺北市：四塊玉文創有限公司, 2023.08
　　面：　　公分
　　ISBN 978-626-7096-46-8(平裝)

1.CST:旅遊 2.CST:泰國曼谷

738.2719　　　　　　　　　　　112011970

三友官網　　　三友 Line@

五味八珍的餐桌
品牌故事

60 年前，傅培梅老師在電視上，示範著一道道的美食，引領著全台的家庭主婦們，第二天就能在自己家的餐桌上，端出能滿足全家人味蕾的一餐，可以說是那個時代，很多人對「家」的記憶，對自己「母親味道」的記憶。

程安琪老師，傳承了母親對烹飪教學的熱忱，年近 70 的她，仍然為滿足學生們對照顧家人胃口與讓小孩吃得好的心願，幾乎每天都忙於教學，跟大家分享她的烹飪心得與技巧。

安琪老師認為：烹飪技巧與味道，在烹飪上同樣重要，加上現代人生活忙碌，能花在廚房裡的時間不是很穩定與充分，為了能幫助每個人，都能在短時間端出同時具備美味與健康的食物，從 2020 年起，安琪老師開始投入研發冷凍食品。

也由於現在冷凍科技的發達，能將食物的營養、口感完全保存起來，而且在不用添加任何化學元素情況下，即可將食物保存長達一年，都不會有任何質變，「急速冷凍」可以說是最理想的食物保存方式。

在歷經兩年的時間裡，我們陸續推出了可以用來做菜，也可以簡單拌麵的「鮮拌醬料包」、同時也推出幾種「成菜」，解凍後簡單加熱就可以上桌食用。

我們也嘗試挑選一些熟悉的老店，跟老闆溝通理念，並跟他們一起將一些有特色的菜，製成冷凍食品，方便大家在家裡即可吃到「名店名菜」。

傳遞美味、選材惟好、注重健康，是我們進入食品產業的初心，也是我們的信念。

冷凍醬料做美食

程安琪老師研發的冷凍調理包，讓您在家也能輕鬆做出營養美味的料理。

冷凍醬料的 5 大優點

省調味 × 超方便 × 輕鬆煮 × 多樣化 × 營養好

選用國產天麴豬，符合潔淨標章認證要求，我們在材料和製程方面皆嚴格把關，保證提供令大眾安心的食品。

三友官網

五味八珍的
餐桌官網

五味八珍的
餐桌 FB

程安琪
鮮拌味 FB

程安琪入廚
40 年 FB

五味八珍的
餐桌 LINE @

聯繫客服 電話：02-23771163 傳真：02-23771213

冷凍醬料調理包

香菇蕃茄紹子

歷經數小時小火慢熬蕃茄，搭配香菇、洋蔥、豬絞肉，最後拌炒獨家私房蘿蔔乾，堆疊出層層的香氣，讓每一口都衝擊著味蕾。

雪菜肉末

台菜不能少的雪裡紅拌炒豬絞肉，全雞熬煮的雞湯是精華更是秘訣所在，經典又道地的清爽口感，叫人嘗過後欲罷不能。

麻辣紹子

麻與辣的結合，香辣過癮又銷魂，採用頂級大紅袍花椒，搭配多種獨家秘製辣椒配方，雙重美味，一次滿足。

北方炸醬

堅持傳承好味道，鹹甜濃郁的醬香，口口紮實、色澤鮮亮、香氣十足，多種料理皆可加入拌炒，迴盪在舌尖上的味蕾，留香久久。

冷凍家常菜

一品金華雞湯

使用金華火腿（台灣）、豬骨、雞骨熬煮八小時打底的豐富膠質湯頭，再用豬腳、土雞燜燉2小時，並加入干貝提升料理的鮮甜與層次。

靠福·烤麩

一道素食者可食的家常菜，木耳號稱血管清道夫，花菇為菌中之王，綠竹筍含有豐富的纖維質。此菜為一道冷菜，亦可微溫食用。

3種快速解凍法

想吃熱騰騰的餐點，就是這麼簡單

1. 回鍋解凍法

將醬料倒入鍋中，用小火加熱至香氣溢出即可。

2. 熱水加熱法

將冷凍調理包放入熱水中，約2～3分鐘即可解凍。

3. 常溫解凍法

將冷凍調理包放入常溫水中，約5～6分鐘即可解凍。

私房菜

純手工製作，交期較久，如有需要請聯繫客服
02-23771163

程家大肉

紅燒獅子頭

頂級干貝 XO 醬